びっくり! おもしろ紙遊び

立花愛子
佐々木伸 ●著

チャイルド本社

びっくり！おもしろ紙遊び

Contents

ためしてびっくり！

はじめに

わたしたちの身近には、紙がたくさんあります。ティッシュペーパーや段ボールのような生活に便利な紙、新聞や広告などの印刷物に使う紙、工作や絵を描くための折り紙や画用紙、もちろんこの本も紙でできています。

この本では、誰もがよく知っている紙を使って、それぞれの紙がもつ特徴をいかした簡単な工作や、遊びをたくさん紹介しました。遊びながら紙のおもしろさに気づいたり、薄くて軟らかいティッシュペーパーが力持ちだったりする、紙の意外な面にも出会えます。

紙は目的に合わせて大きさや厚さ、風合いがかなり違いますが、どれも木材のパルプからできています。同じ原料で同じように作られているため、見たところは違っていても共通した性質があります。例えば、どんな紙でも水が苦手です。湿気が多い季節は紙もぐったりと、まさに「のびて」います。水にぬれれば紙はあっさりバラバラになってしまいます。

そんな紙の性質にも気をつけながら、いろいろな紙のもつおもしろい特徴を存分に味わってください。

立花愛子
佐々木伸

とばしてびっくり！

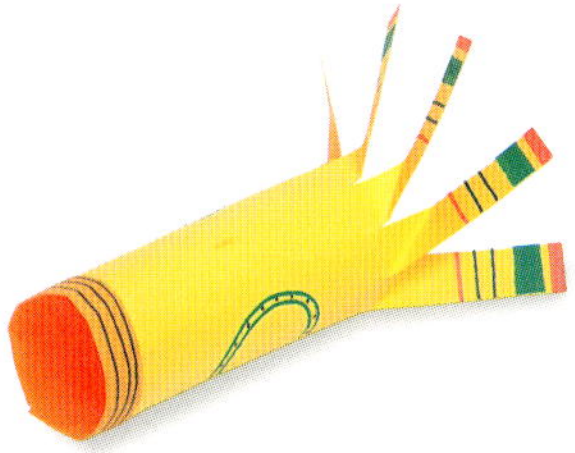

作ってびっくり！

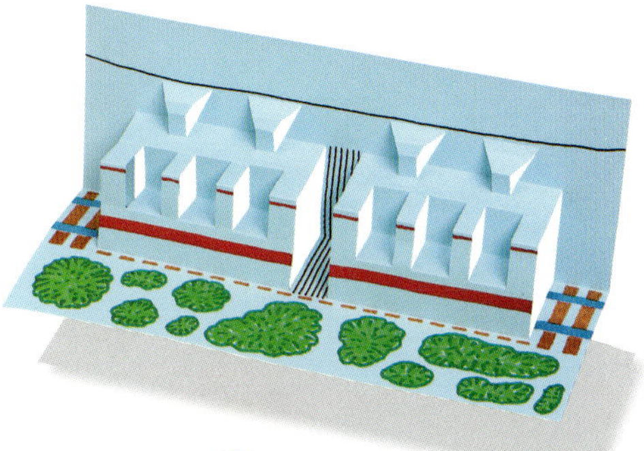

ためしてびっくり！

なにができるのかな？

新聞紙は、どこにでもある、おなじみの紙です。
薄くて軽い紙だけれど、
いったいなにができるのでしょうか？

まず、こうやって
丸めて…

こんな細い筒に
するんだよ！

ほらね、もうできた!

それを 10本
束にして…

ためしてびっくり！

机といすができた！

完成したのは机といすです。
すべてのパーツは、
新聞紙を円筒形に
丸めたものでできています。
いすには、大人が座っても大丈夫。
上からの力に強い、
円筒形のパワーです。

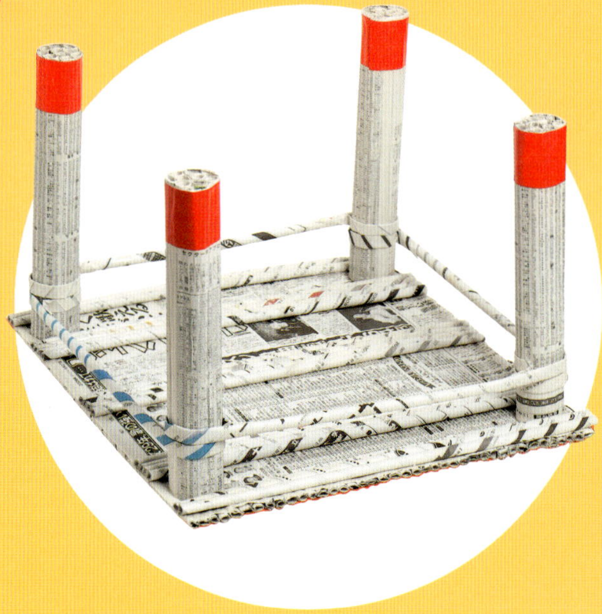

机といすの作り方

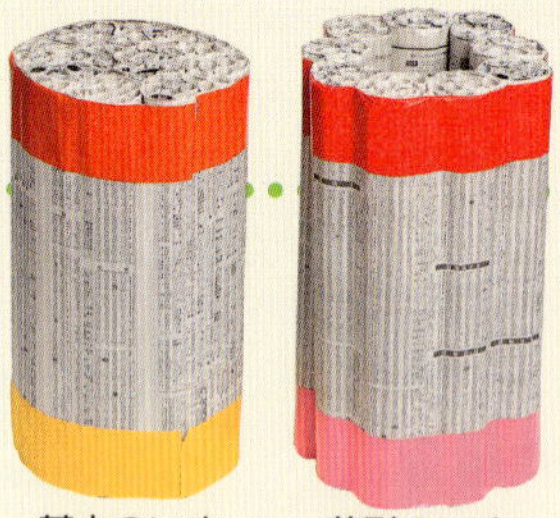

基本のいす　花形のいす

材料

新聞紙
水
木工用接着剤

道具

はけ
はさみ
セロハンテープ

●基本の柱の作り方

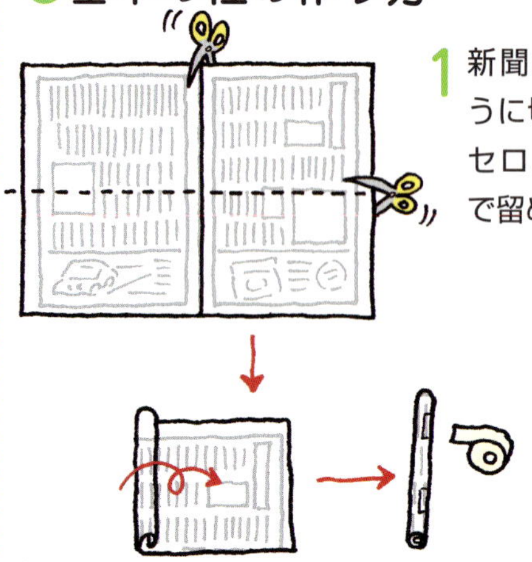

1 新聞紙を図のように切って巻き、セロハンテープで留める。

※水で溶いた木工用接着剤を塗る。

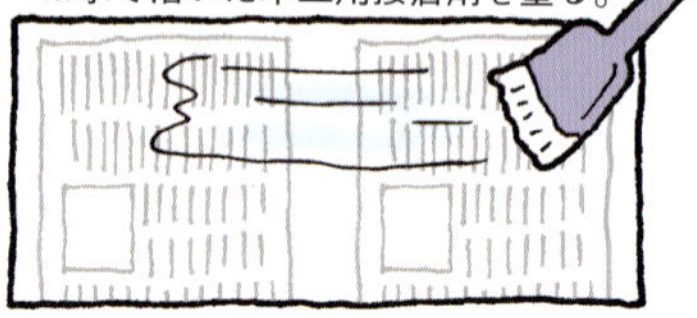

2 1を10本作る。同じように半分に切った新聞紙の上に水で溶いた木工用接着剤を塗り、図のように並べて、のり巻きのように巻いてまとめる。

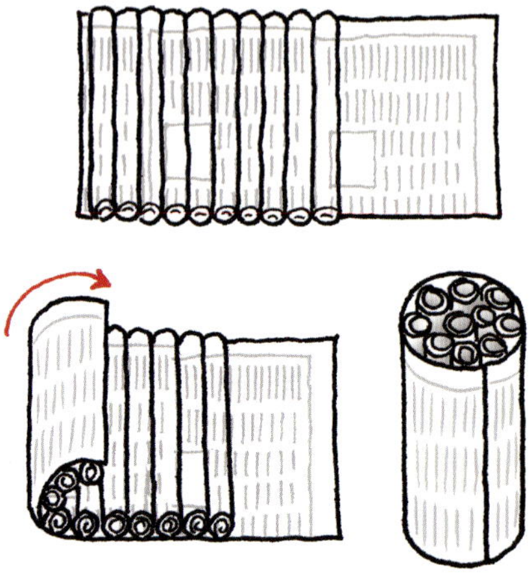

●机の作り方

1 新聞紙1ページ分を、人さし指くらいの太さになるように斜めに巻いていく。これをたくさん作る。

2 新聞紙1ページ分を図のように正方形に切り、水で溶いた木工用接着剤を塗って1を並べてはる。台紙からはみ出した分は切ってそろえる。

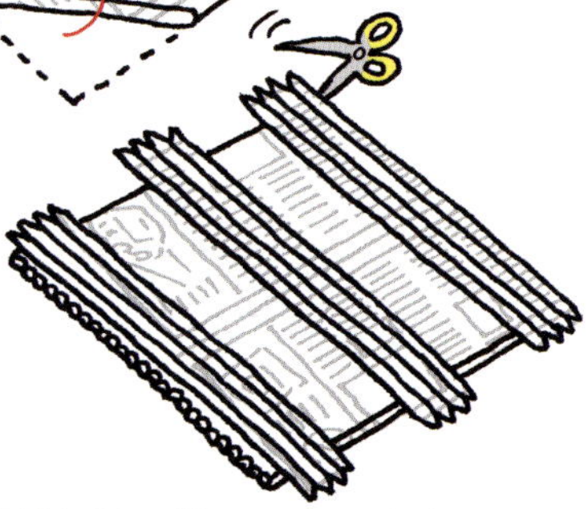

3 裏側には、並べる向きを変えて、両端や真ん中に3～4本ずつ並べてはる。はみ出し分は切りそろえる。

4 基本の柱4本を木工用接着剤ではり、脚にする。

5 脚をしっかり固定するために、1の棒を4本使って補強する。机の脚に巻きつけ、木工用接着剤ではる。

●いすの作り方

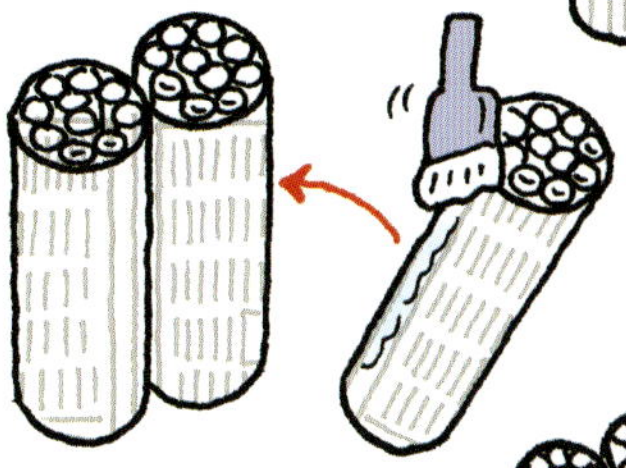

1 基本の柱を３～５本ずつまとめる。はじめに基本の柱１本ずつに水で溶いた木工用接着剤を塗り、柱どうしでくっつける。

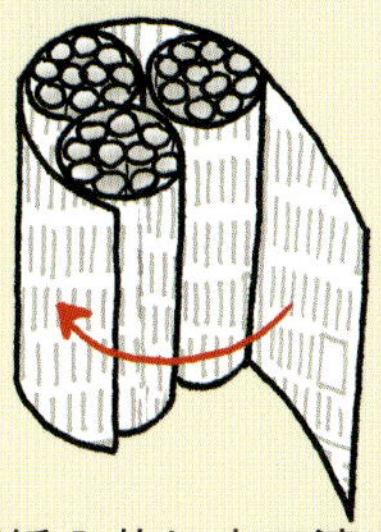

2 新聞紙１枚に水で溶いた木工用接着剤を塗り、1 の外側をくるんでまとめる。

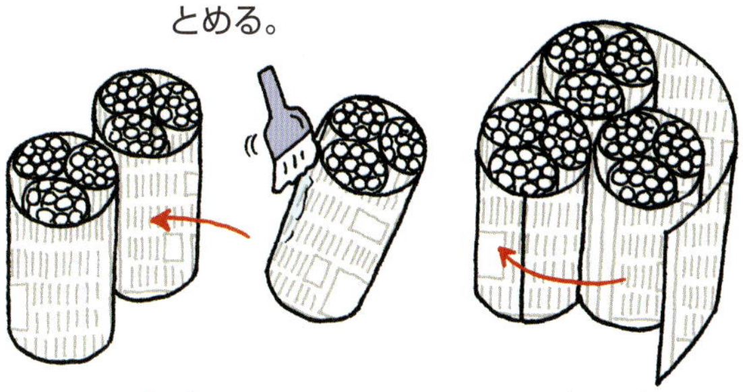

3 2 をさらにいくつか同じようにくっつけ、座りやすい大きさにまとめる。全体で基本の柱８～10本ほどで作ることができる。

＊花形のいすは、水で溶いた木工用接着剤を塗って基本の柱を輪に並べ、柱どうしでくっつける。だいたい形ができたら、そのままの形に沿って、薄めた木工用接着剤を塗った新聞紙でくるみ、しっかりまとめる。

●ポックリの作り方

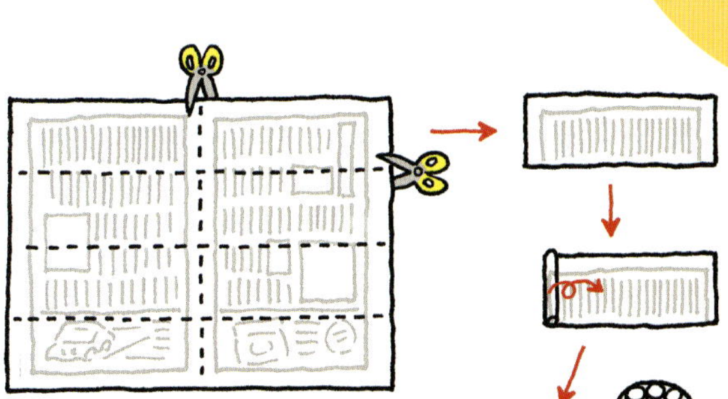

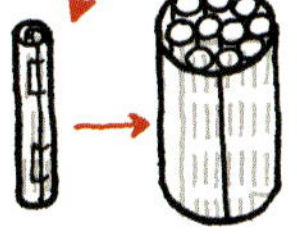

1 図のように切った新聞紙で、高さを半分にした基本の柱を５～７本作る。

2 いすと同じ要領で束ね、新聞紙でくるんで巻く。

3 乾いたら図のようにひもを底面までぐるりと通し、上で結ぶ。長さは子どもに合わせて調節する。

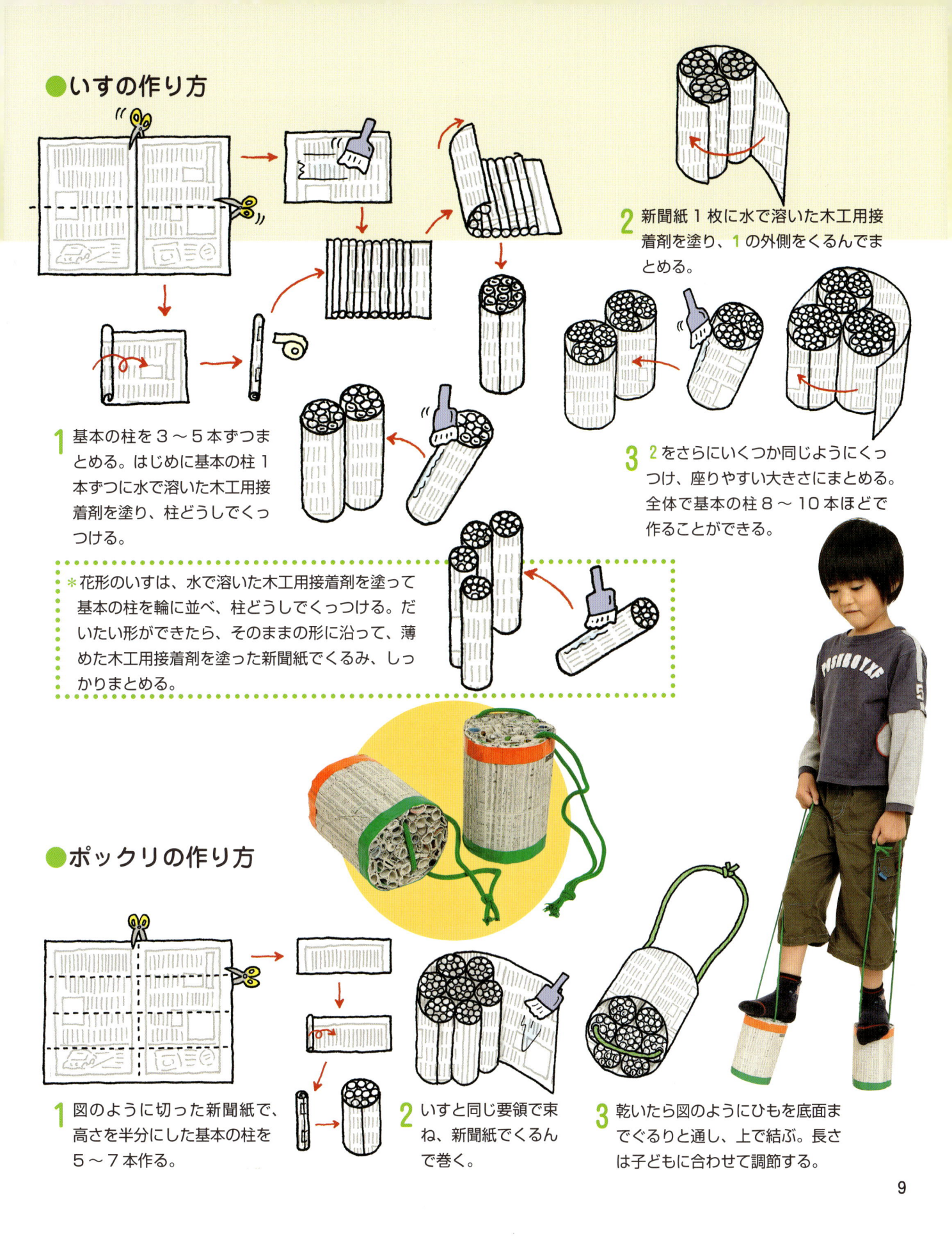

ためしてびっくり！

新聞紙ハンモック

新聞紙は意外に力持ち。
細長い帯にして織っただけで、
6 ～ 8kg の重さを
運ぶことができるのです。

ペットボトル2本、
楽々OK！

作り方を工夫すると、
子どもを乗せるハンモックを
作ることもできます。

新聞紙は、折って重ねるとさらに強くなり、それを織ることでさらにもっと強くなります。

新聞紙ハンモックの作り方

材料

新聞紙
針金ハンガー

道具

セロハンテープ
植木に使う支えの棒

●ハンモック子ども用の作り方

1 新聞紙を、縦 4 本に切ったものを縦に 2 回折って細い帯にする。これをたくさん作っておく。

2 針金ハンガーを 2 本用意し、図のように 1 の帯をかけ、端をセロハンテープで留める。7 本ほどで、幅いっぱいになる。

3 1 の帯を、 2 の縦の帯に図のように、上下が互い違いになるように織り込む。

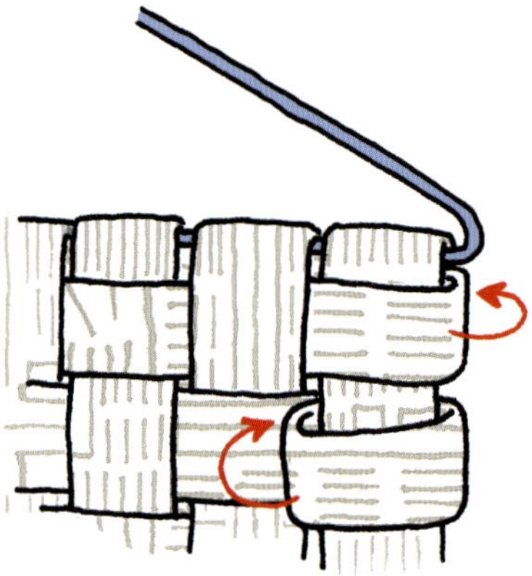

4 端は折り返して織り込んでしまえば OK。

ハンモック子ども用

●子どもが乗れる！大きなハンモックの作り方

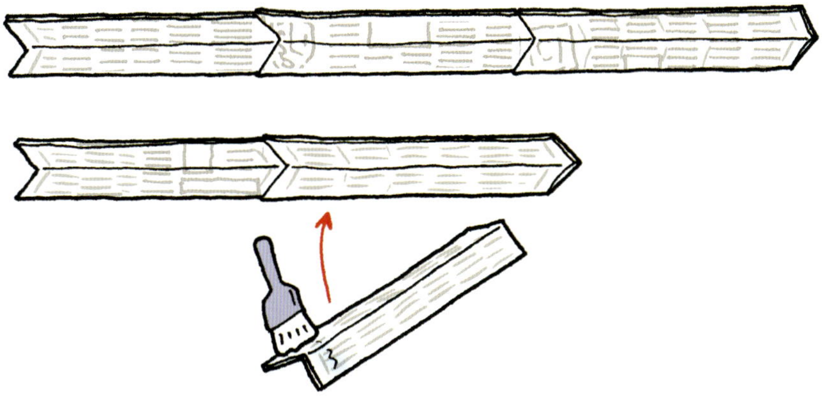

1 ハンモックの帯は、折り目に挟むようにしてのりづけし、長くしておきます。（写真のものは、縦用に３本つないだものを16本、横用に２本つないだものを28本使っています）

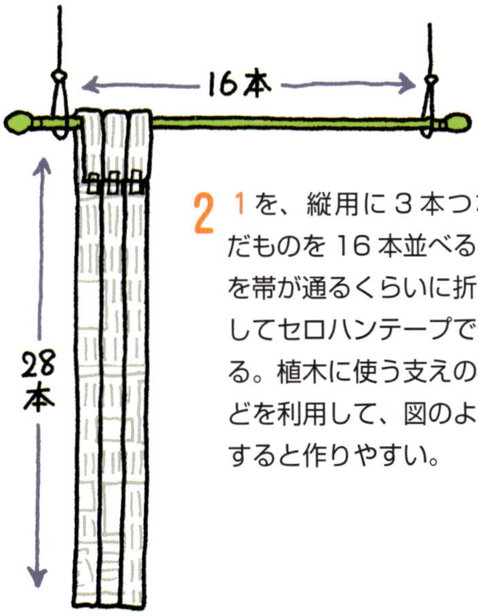

2 1を、縦用に３本つないだものを16本並べる。端を帯が通るくらいに折り返してセロハンテープで留める。植木に使う支えの棒などを利用して、図のようにすると作りやすい。

3 2に、ハンモックと同じように横の帯を織り込む。

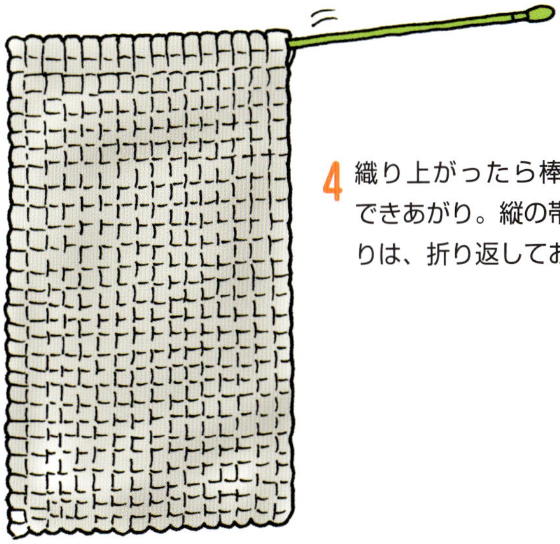

4 織り上がったら棒を抜いて、できあがり。縦の帯の下の余りは、折り返しておけばOK。

ためしてびっくり！

ちらしで作るフリスビー

新聞に入ってくる広告紙で、
大きなフリスビーを作ってみましょう。
つかみやすく、当たっても痛くないので、
小さな子でも楽しめます。

ちらしで作るフリスビーの作り方

材料
広告紙
のり

道具
はさみ
セロハンテープ

●フリスビーの作り方

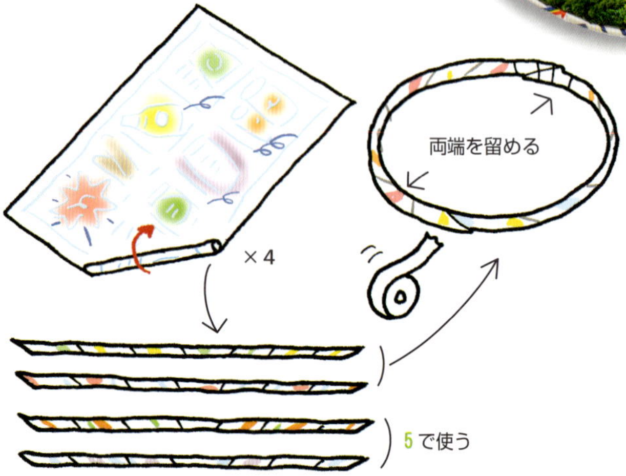

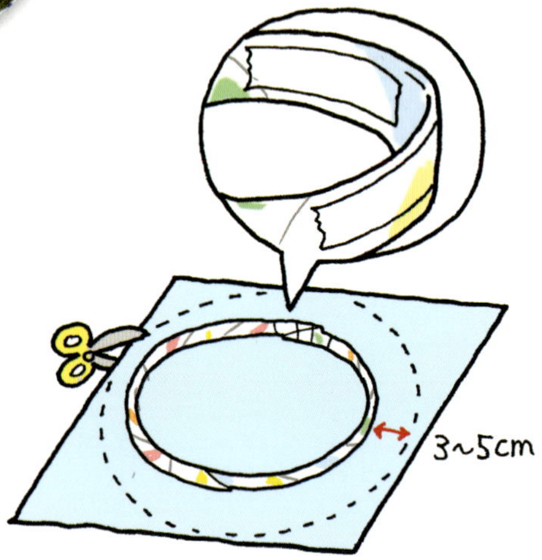

1 広告紙を図のように斜めに丸めて、端をセロハンテープでしっかり留める。これを４本作る。そのうち２本を、端の軟らかい部分を重ねてセロハンテープで固定し、大きな輪にする。

2 大きな広告紙（厚みのあるものがよい）を１の輪より少し大きな円形に切る。

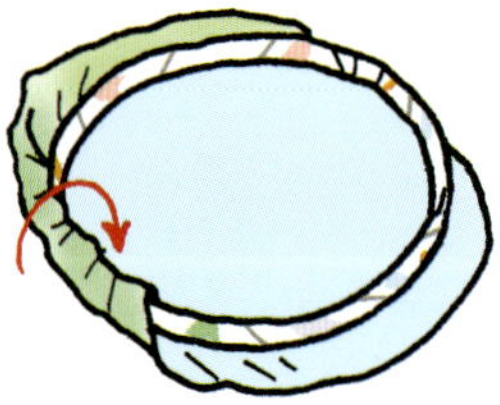

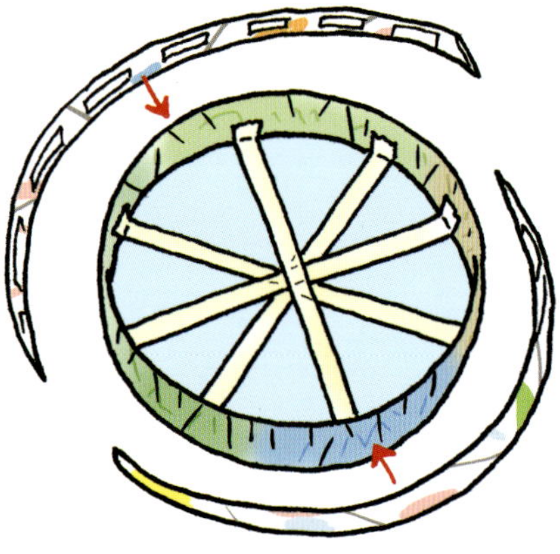

3 １の外側にはりつけ、両面テープで固定する。

4 広告紙は折り目から破れやすいので、折り目に沿って裏にセロハンテープをはり、補強しておくとよい。

5 外側に、１の広告紙の棒２本を図のように両面テープではる。丈夫になり、重さが出て投げやすくなる。

ホネホネボールもできるよ！

フリスビーと同じ、広告紙を巻いた棒で楽しいボールができます。
誰にでもキャッチしやすく、みんなで遊べます。

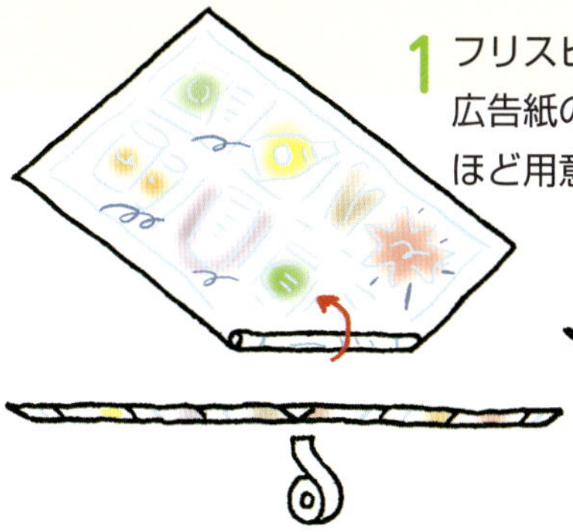

1 フリスビーに使った広告紙の棒を 10 本ほど用意する。

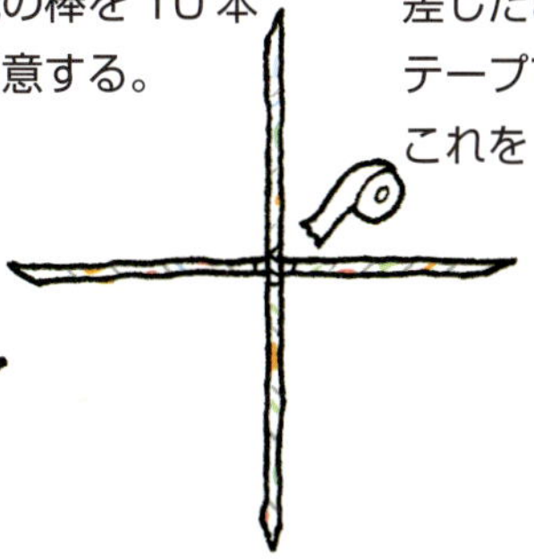

2 2 本を十字に組んで、交差したところをセロハンテープでしっかり留める。これを 2 組作る。

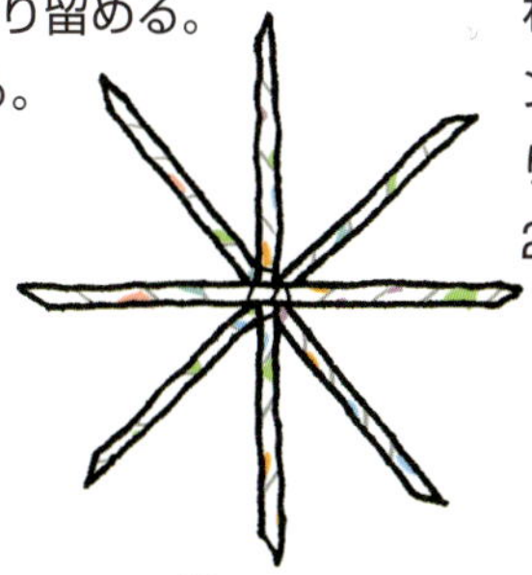

3 2 を図のように重ね、中央をセロハンテープでしっかり留める。これを 2 組作る。

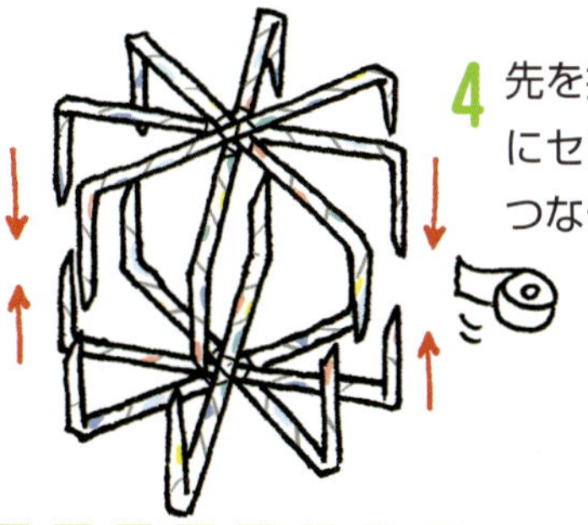

4 先を折って図のようにセロハンテープでつなぎ合わせる。

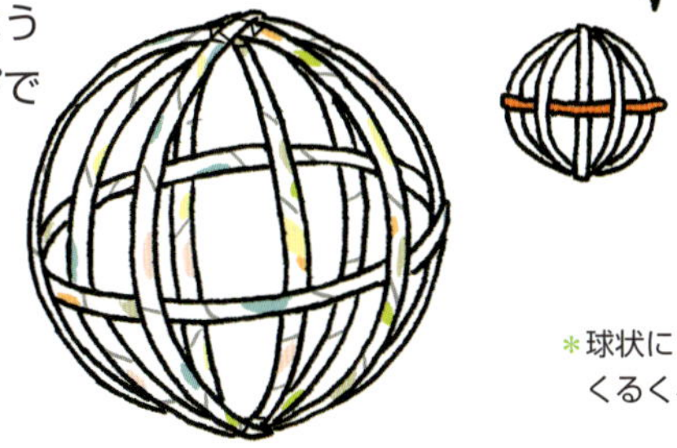

5 図のように、球の赤道にあたる部分に織り込みながら何本か通すと、より強度が増す。

＊球状にしなくても、3 の状態でくるくる回して遊ぶのも楽しいですよ！

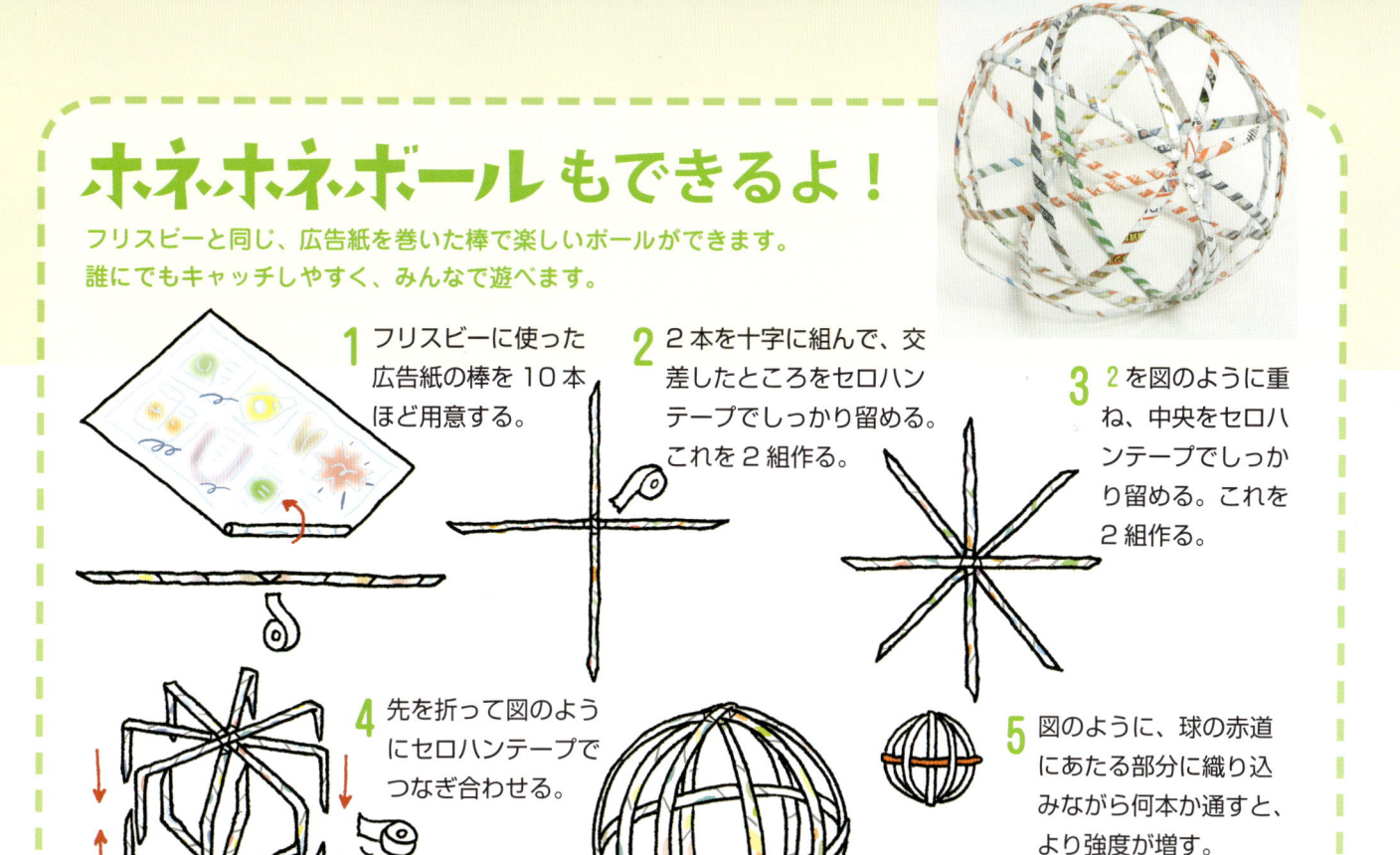

実験してみよう！

紙はとってても力持ち

ティッシュペーパーや新聞紙がどのくらい力持ちなのか、実験でためしてみましょう。

実験
その
1

ティッシュペーパー
VS
ペットボトル1本2kg

ティッシュペーパー1枚で、
2リットルのボトルが
持ち上げられるかな？

上がった！

実験その2

新聞紙 VS ペットボトル3本6kg

新聞紙半分で、
3本も
上がるかなあ〜?

上がった・・・!!

力持ちの秘密は、紙目

　パルプの繊維は、紙が引っ張られた方向にからみ合いながらのびています。ティッシュペーパーなどの紙が簡単に破れないのは、繊維がからみあって簡単にほどけないようになっているためです。紙には「紙目」という繊維の向きがありますが、紙は紙目の方向に働く力にはとても強く、簡単に破れません。紙目と違う方向に引っ張られると、紙はずっと破れやすくなります。紙目以外の向きには、繊維がほどけやすいためです。紙を破ろうとしたときに、簡単に裂くことができる方向が紙目の向きです。新聞紙では、図のような向きに紙目があります。

ためしてびっくり！

紙で音を作ろう！

紙は切ったり折ったりするだけでなく、
音を作り出すこともできます。
声が変わるボイスチェンジャー、
高い音が出るピーピー笛を作ってみましょう。

動物の口から息を
勢いよく吹き出すと、
ピーっと高い音が鳴ります。

筒に向かってしゃべると、
声が不思議に
震えて聞こえます。

ピーピー笛とブーブーボイスチェンジャーの作り方

材料

色紙
色画用紙または厚紙
パラフィン紙
輪ゴム

道具

フェルトペン
はさみ

●クマさん＆ウサギさんのピーピー笛の作り方

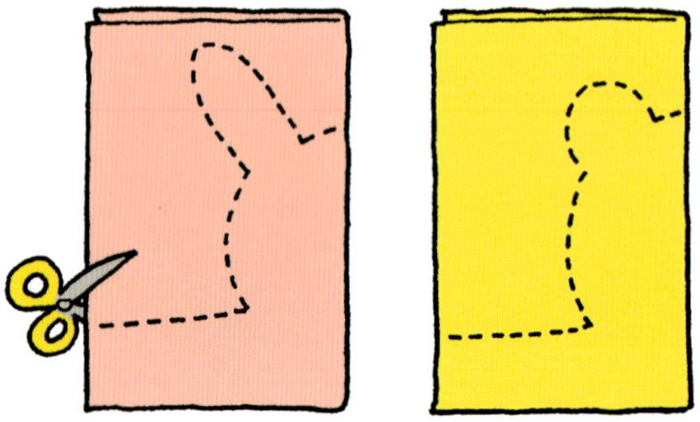

1 色紙を半分に折り、図のようにクマやウサギの形に切り取る。

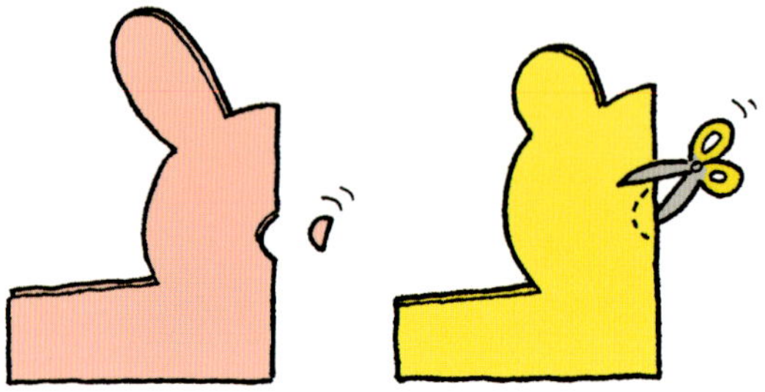

2 ウサギやクマの顔の真ん中に、穴をあける。

3 フェルトペンで顔を描いて、できあがり。

ためしてみよう！

ブーブーボイスチェンジャーで声を出しながら、そっとパラフィン紙を触ってみましょう。細かく震えているのがわかります。ものが震えると、それが空気に伝わって、空気が振動します。それが音となって聞こえるのです。声を出しているときに、自分ののどにそうっと触っても、やはり細かく震えているのがわかります。

●ブーブーボイスチェンジャーの作り方

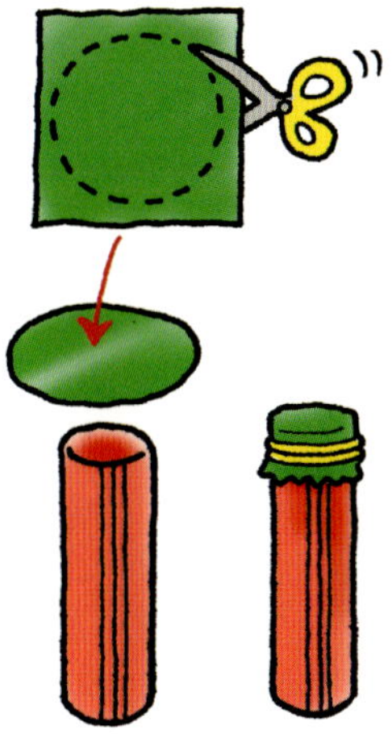

1 色画用紙や厚紙で円筒を作る。トイレットペーパーのしんなどを使ってもよい。

2 丸く切ったパラフィン紙（クッキングペーパーや、薄いトレーシングペーパーなどでもよい）を 1 の先につけ、輪ゴムで留める。

つまり、なにかを細かく振動させれば、音が出ることになります。ウサギさんのピーピー笛は、穴からいきおいよく息が出るときに、紙に振動を与えるために音が出るのです。慣れてくると、短冊に切った色紙２枚でも音を出すことができます。

ためしてびっくり！

不思議な水飲み鳥

紙を切って折っただけの鳥ですが、水に浮かべると、あら不思議！
ゆっくり首を傾けて水を飲みます。
紙目の方向を変えて作ると動きも変わります。

まずは1羽水に浮かべます

首が傾いてきたぞ…！

ゆっくり傾いて…

水を飲んだ！

別の１羽も水に浮かべると…

あれっ！後ろに反り返った！

…と思うと起き上がって…

首が傾いてきた！

こっちも水を飲んだ！

紙の向きで同じ水を飲むのでも動き方が違うんだね

水飲み鳥の作り方

材料

紙（コピー用紙など、
なんでもよい）
フェルトペン

道具

はさみ

●水飲み鳥の作り方

1 コピー用紙や色紙などを図のように切り取る。いろいろな向きで切ってみよう。

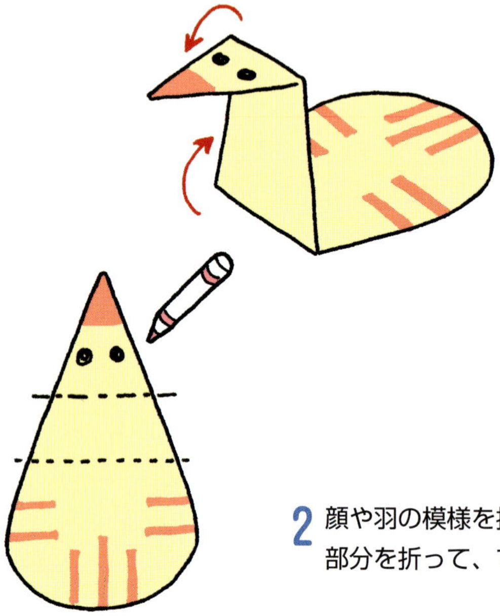

2 顔や羽の模様を描いて、首と顔の部分を折って、できあがり。

どうしておじぎするの？

２羽の鳥のおじぎの仕方がちがうのは、紙目が異なっているからです。縦目に沿って切った鳥は、水が縦の繊維の方向にしみていき、ゆっくり縦に伸ばすので、そのままゆっくりおじぎします。横目にして切った鳥は、まず首の折り目に沿って水がしみこんで伸びるため、折り目の部分が広がって後ろに倒れます。

新聞紙で作ると、おじぎするまでの時間が早くなります。洗剤を少し落としても、おじぎするスピードが上がります。

ためしてみよう！

十字形に切った色紙をたたんで水に浮かべます。ゆっくり開いて、水面に花が咲きます。中に当たり、はずれのしるしをつけておくと、楽しいくじになって盛り上がりますよ！

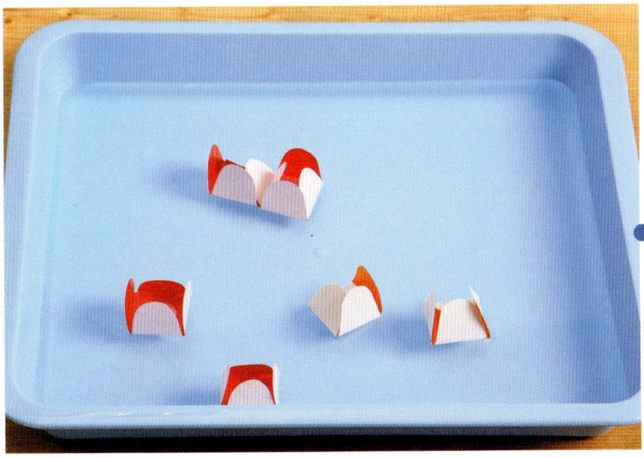

ためしてびっくり！

踊るイカ焼きくん

トレーシングペーパーを切り抜いただけのイカくんたちが、
お湯を張った洗面器の上で激しくダンス！
不思議なパフォーマンスを、とくとご覧ください。

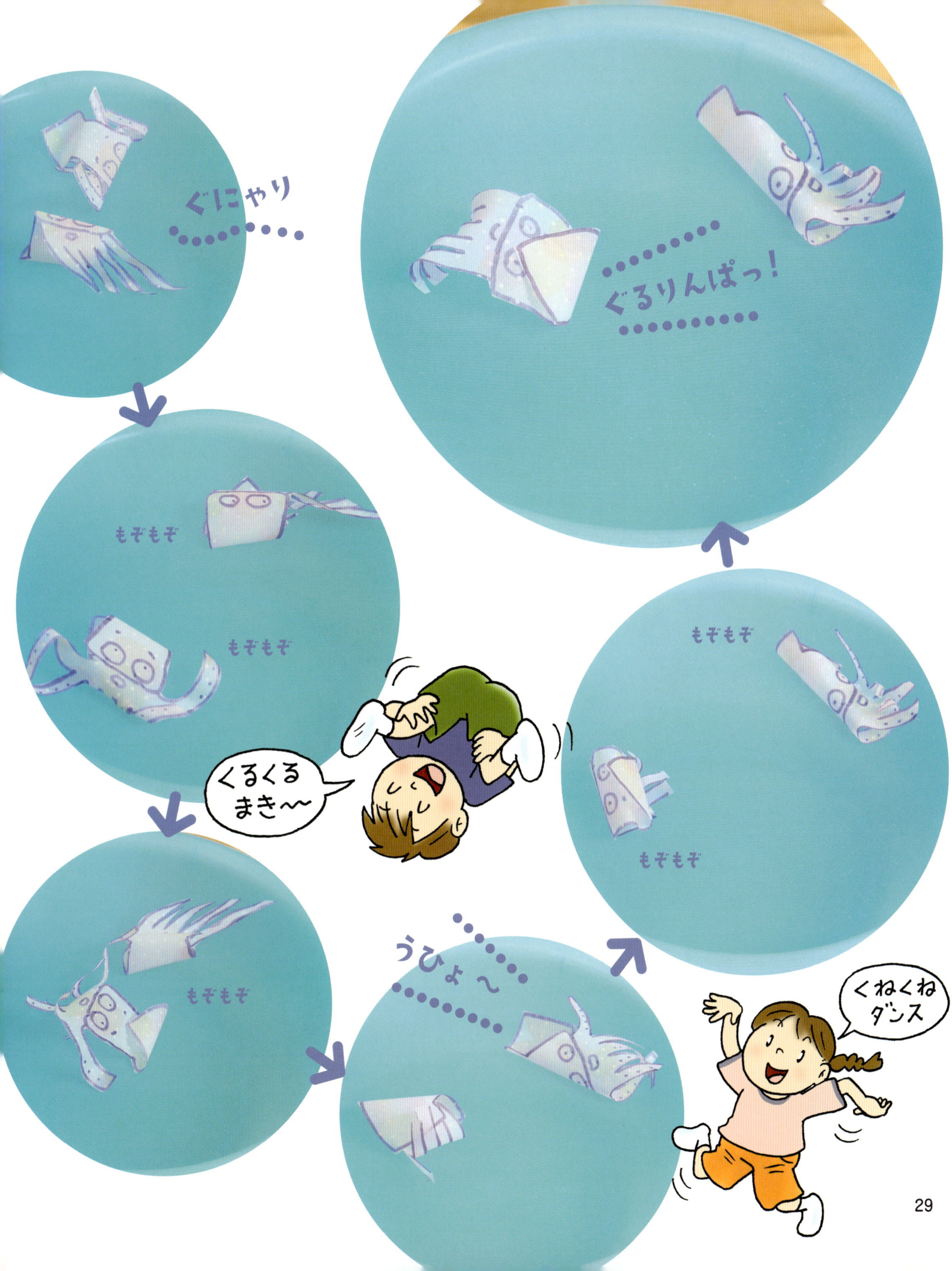
ぐにゃり
もぞもぞ
もぞもぞ
くるくる
まき〜
もぞもぞ
うひょ〜
もぞもぞ
もぞもぞ
くねくね
ダンス
ぐるりんぱっ!

踊るイカ焼きくんの作り方

材料

トレーシングペーパー
フェルトペン
ストッキング
洗面器
お湯

道具

はさみ

●踊るイカ焼きくんの作り方

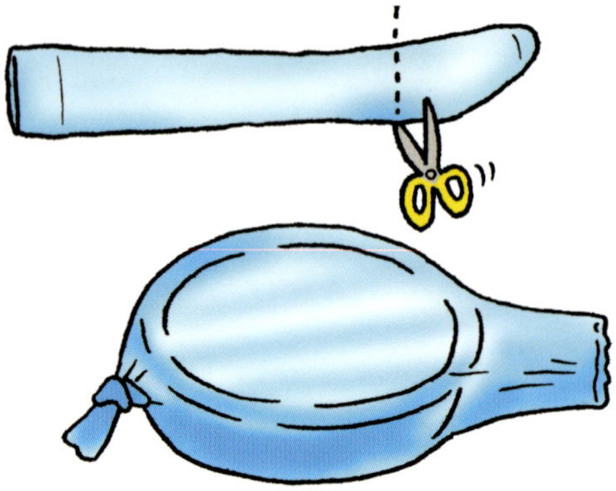

1 トレーシングペーパーを用意し、いろいろな向きでイカの形をフェルトペンで描いて切り取る。

2 小さな洗面器に、かかと下を切り落とした古いストッキングをかぶせて、片方を結んでおく。

＊お湯は熱湯である必要はありませんが、湯気が出るくらいの熱さで。必ず大人が扱うようにしてください。

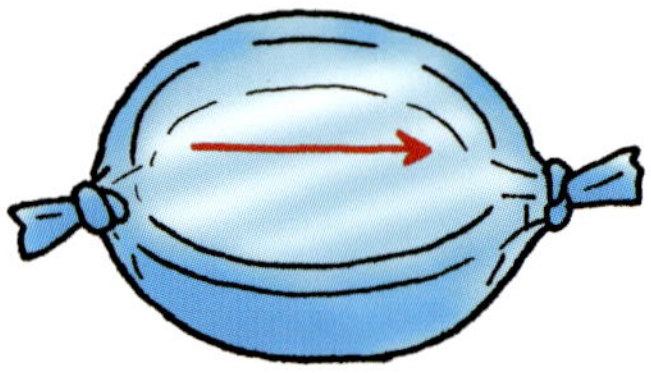

3 ストッキングの開いている片方の口から洗面器にお湯を入れ、ストッキングがピンと張った状態になるように引っ張りながら結ぶ。

4 上に 1 のイカを乗せてみよう！

どうしてダンスするの？

トレーシングペーパーは、湿気を吸いやすい紙です。湿度によって普通の紙よりも大きく伸び縮みしたり、カールしたりするので、イカが激しく動くのです。

普通の色紙などでもカールやねじれは現れますが、トレーシングペーパーほど大きな動きは見られません。

たゆしてみよう！

もじゃもじゃカールちゃん

セロファンも、紙と同じ材料からできています。トレーシングペーパーよりも湿気を吸いやすいので、もっとおもしろい動きを見ることができます。

●作り方

1 セロファンをいろいろな向きに細長く切り、丸く切った発泡スチロールのトレーにセロハンテープではりつける。

2 顔を描いて、イカと同じようにストッキングの上に置いてみよう。

ためしてびっくり！

水玉コロコロ

水滴をビー玉代わりにした、
とても簡単な遊びです。
小さい子向けには、
縁のある紙皿で作ってあげると、
遊びやすくなります。

ワンちゃんの
大粒の涙を
転がして…

おっと！
鼻水に
なっちゃった？

水滴の落とし方

コップの中の水にストローを差しこみ、
上を指でふさぎ、そのまま持ち上げます。

指を離すと、しずくが落ちます。

もっと転がして、
よだれに
なっちゃった！

水玉コロコロの作り方

材料

色画用紙（A4くらい）
油性ペン
ろうそく
水

道具

特になし
水を落とすのに、ストローとコップがあると便利。

●水玉コロコロの作り方

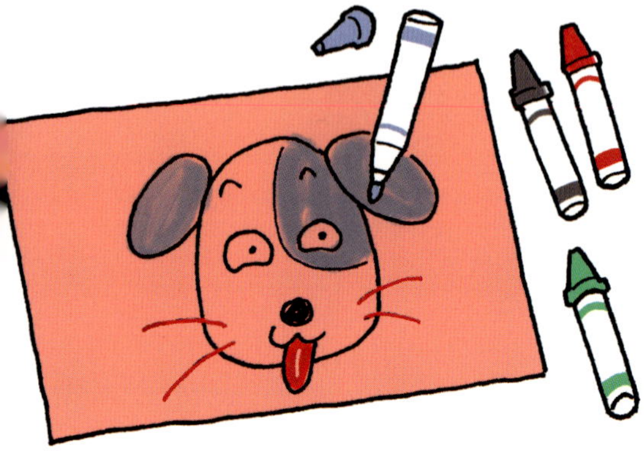

1 色画用紙に好きな動物の顔などを油性ペンで描く。

2 一面にろうそくをこすりつけ、ろうをぬる。

3 持ちやすいように、両端を少し内側に折る。

迷路の絵を描いて、行き止まりの印や穴をあけておくと、おもしろい！

ろうをぬると、どうして水をはじくの?

ろうそくは、石油から作られたパラフィンという成分でできています。つまり、油でできているのです。油と水はたがいに混じり合わないので、ろうそくをこすりつけた紙は、水をはじくのです。

お寺などで使う和ろうそくは、ハゼ科の木の実からとった脂肪分「木ろう」から作られています。ほかにも、ミツバチの巣を温めて、そこから溶け出したろうを固めた「蜜ろう」があります。

葉っぱが水をはじくのは、なぜ?

雨上がりには、草の葉や木の葉にたくさんの水滴がついて、とてもきれいです。葉っぱが水をはじくのは、葉の表面に油やろうの成分があるためではありません。細かい筋や、葉の表面にはえている細かい毛のために、水が葉の表面にべったりつくことができず、水滴になるのです。

またよく見ると、まるで玉のように水をはじく葉っぱと、そうでもない葉っぱがあります。ヨモギやススキ、イチョウの葉の上の水はほとんど球になっていますが、サクラやツツジはそうではありません。ルーペなどで葉の表面を見ると、違いがよくわかります。

とばしてびっくり！

くるくるハット & ロケット

軽くて加工しやすい紙は、風を利用したおもちゃにぴったりです。
風を受けてくるくるとよく回る帽子とロケットを作ってみましょう。

くるくるハット

三角帽子の縁を切り込んで
折っただけ。とても簡単で、
驚くほどよく回ります。

くるくるロケット

色画用紙に切り込みを入れて折り、
筒にしたロケット。
押し出すように投げると、
回転しながら
とても
よく飛びます。

くるくるハット & ロケットの作り方

材料

工作用紙
色画用紙（A4くらい）
フェルトペン

道具

はさみ
セロハンテープ

●くるくるハットの作り方

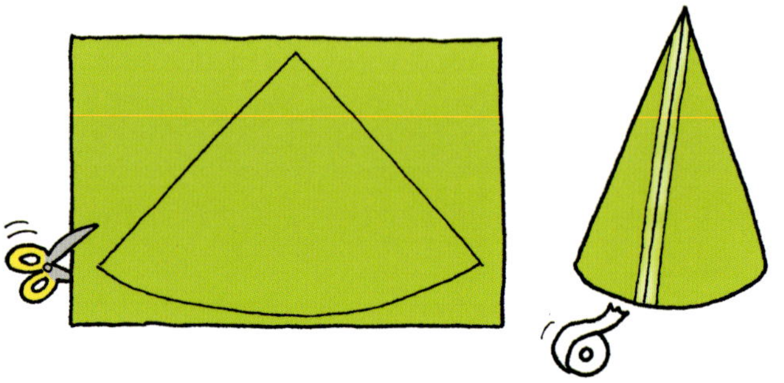

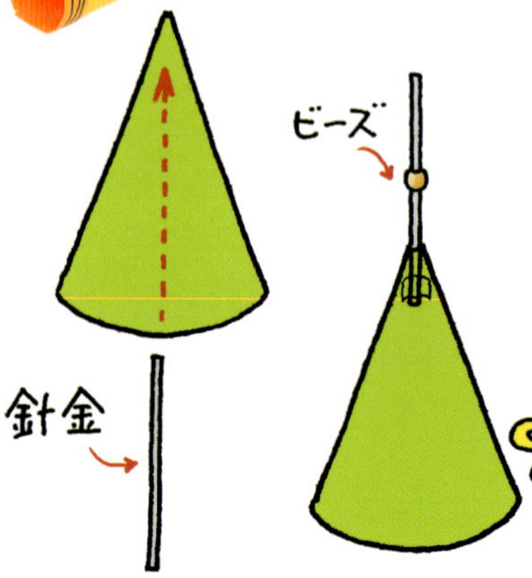

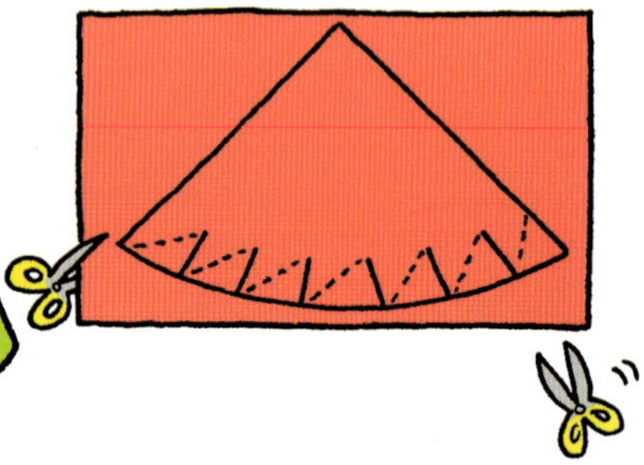

1 まずはじめに、頭に直接かぶる帽子を作る。図のような形に色画用紙を切り抜き、セロハンテープではり合わせて三角帽子にする。

2 細い針金を帽子の内側から外に通し、球形のビーズをつける。針金は内側にセロハンテープで留めておく。

3 次に、帽子の上に乗せて回す「くるくるハット」を作る。図のような形に工作用紙を切り抜き、すそに切り込みを入れておく。

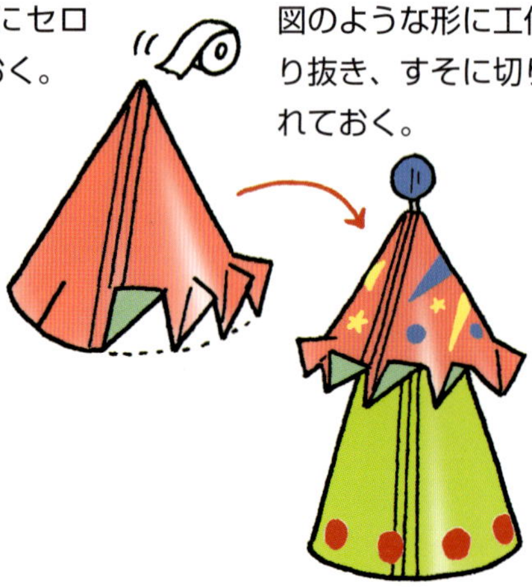

4 テープではり合わせて三角帽子の形にして、切り込みの部分を斜めに折り、**1**の上にかぶせる。**2**の針金を内側から通し、丸シールなどで留め、できあがり。

●くるくるロケットの作り方

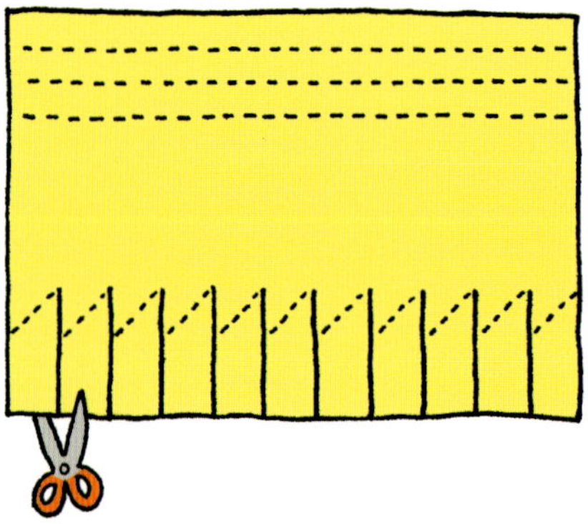

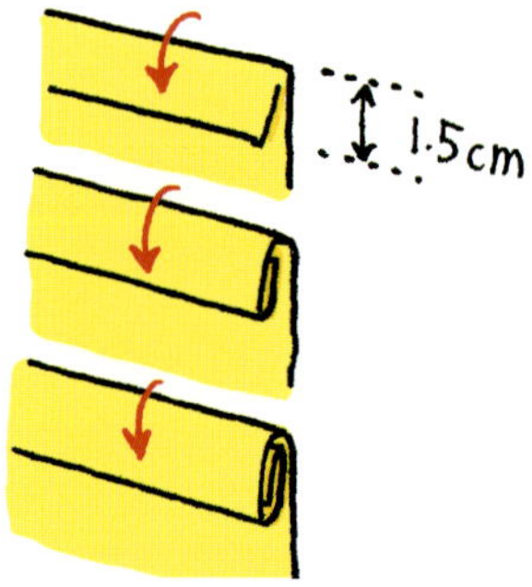

＊切り込み部分にフェルトペンで模様を描きましょう。

1 色画用紙（A4 くらいの大きさ）に、図のような切り込みを入れる。

2 細い片方の端から３回、1.5cm くらいの幅で折りたたむ。

3 筒の形に丸くして、セロハンテープで留める。切り込みを斜めに折って、できあがり。

ためしてみよう！

よく回る折り方は？

切り込みの折り方によって回り方が変わります。
どんな折り方にしたときに、一番よく回るでしょうか？

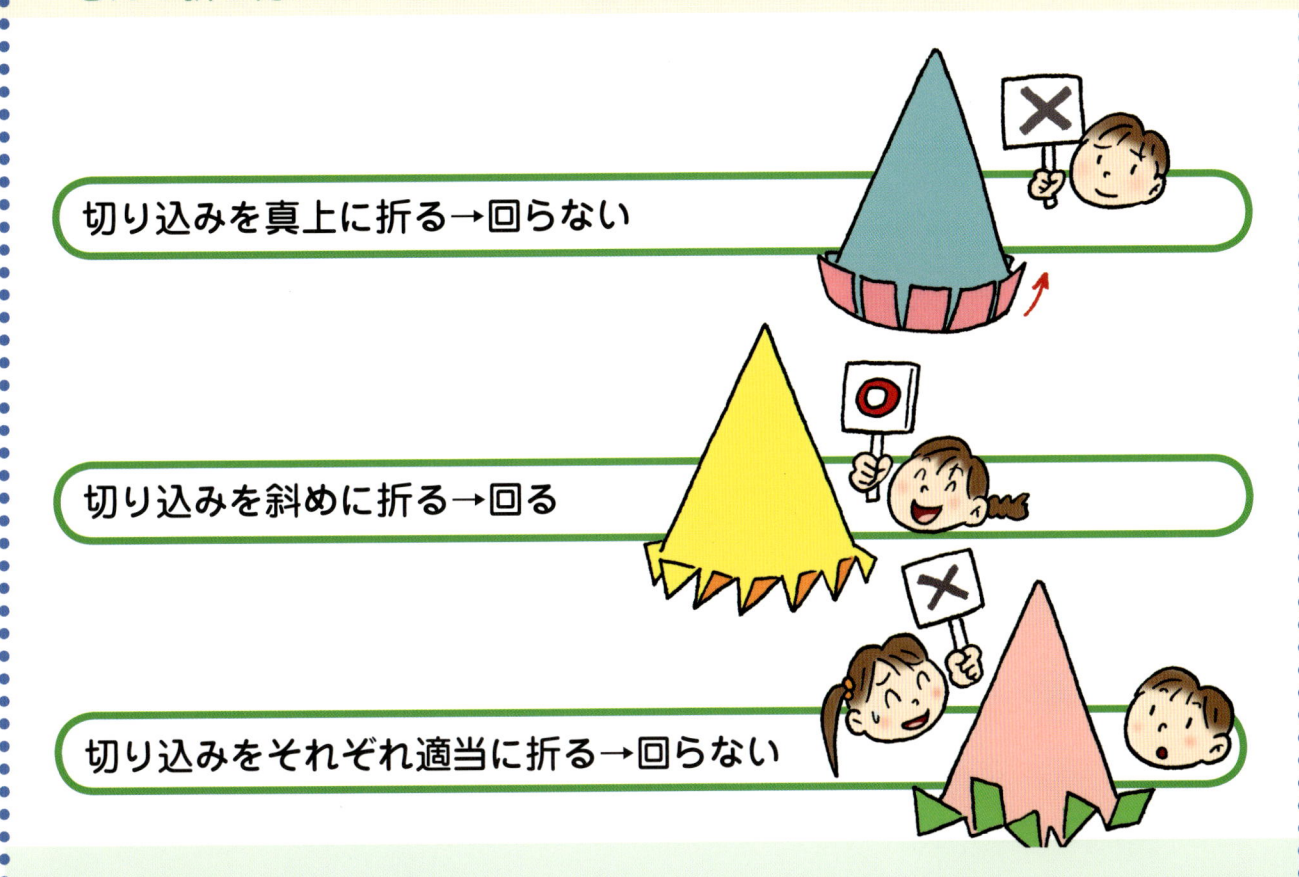

切り込みを真上に折る→回らない

切り込みを斜めに折る→回る

切り込みをそれぞれ適当に折る→回らない

よく回るために大切なことは二つあります。

空気が通りやすいこと、どの羽でも同じ空気の流れを受けることです。

竹とんぼや扇風機の羽を見るとわかるように、風を受けて回転するものには、斜めのねじれがついています。空気の流れをじゃませずに、空気の力をそのまま回転の力に変えるために、一番適した形なのです。

どの切り込みも、同じ大きさ、同じ角度にそろえ、斜めに折るとよく回る帽子になります。また、空気の力をしっかり受け止めるためには、紙にもある程度の強さが必要なので、くるくるハットを作るときには、工作用紙などの厚紙が適しています。

とばしてびっくり！

ピロピロかざぐるま

ピロピロ、ひらひら、すばやく回転しながら落ちてくる
紙テープのかざぐるまです。
いろいろな色で作ると、とてもきれい！

かざぐるまの形は、
8 の字形と Y 字形。
どちらも簡単です。

虫捕り網で落とそう！

高い場所がないときには、網の持ち手に棒などを足して使いましょう。網の底を結んで浅くしておき、中にピロピロかざぐるまを入れます。網を逆さにすると一気に落ちてきます。網を傾けて揺すると、少しずつひらひらと落ちます。

ピロピロかざぐるまの作り方

材料

紙テープ

道具

はさみ
ホッチキス

●ピロピロかざぐるまの作り方

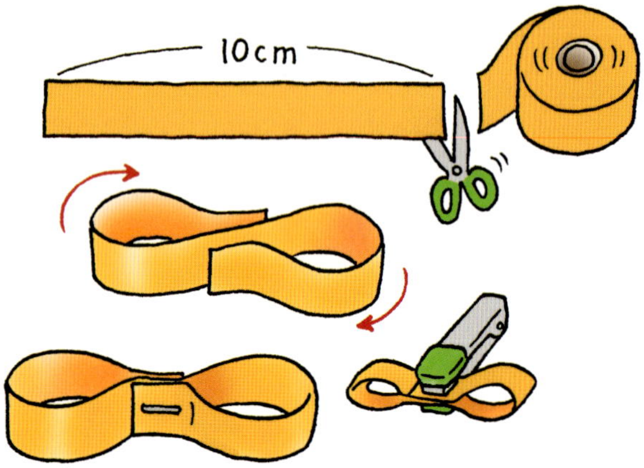

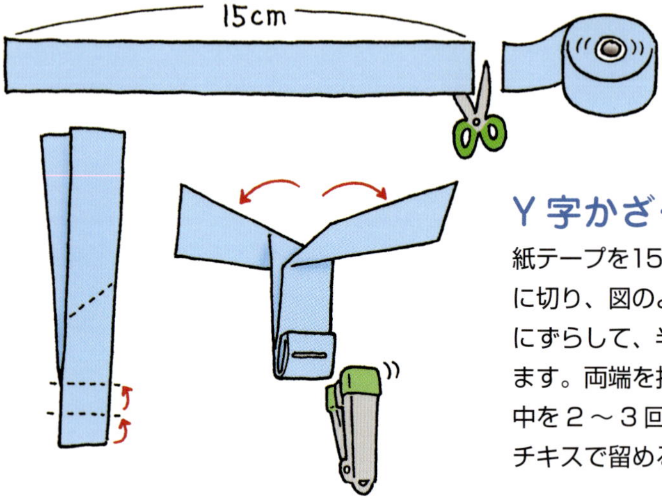

Y字かざぐるま

紙テープを15cmくらいに切り、図のように斜めにずらして、半分に折ります。両端を折り、真ん中を2～3回折り、ホッチキスで留める。

8の字かざぐるま

紙テープを10cmくらいに切り、図のように両端を曲げて真ん中で重ね、ホッチキスで留める。

●ヒントは飛ぶタネ

ピロピロかざぐるまの形は、植物のタネの形をまねたものです。風に飛ぶタネにはいろいろな種類がありますが、どれも風を受けやすい形をしています。

●くす箱の作り方

材料

ティッシュ箱2つ
割りばし
たこ糸などのひも
乾電池（おもり用）

道具

はさみ
セロハンテープ

1 ティッシュ箱の上面に、図のような切り込みを入れ、それぞれを内側に入れて両面テープではる。これを2つ作る。

2 ひもを通す穴を2か所ずつ、図のようにあける。2つの箱を合わせ、上をセロハンテープでつないで開閉できるようにする。

3 たこ糸など、ひもを４本用意して、それぞれの端に割りばしを切ったものを結びつけておく。ティッシュの箱が薄いので、強度を出すために割りばしは長めに切っておく。

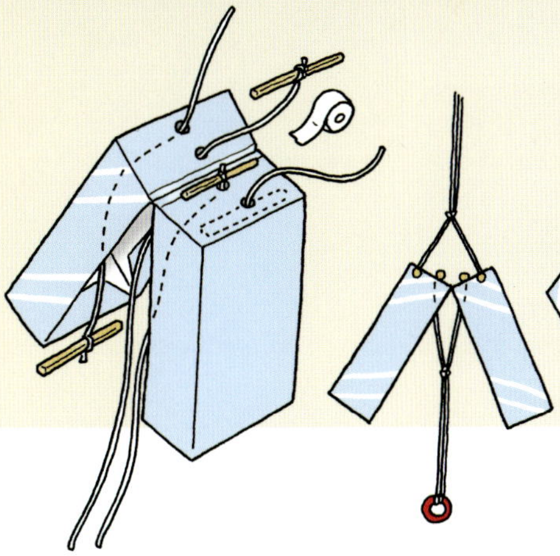

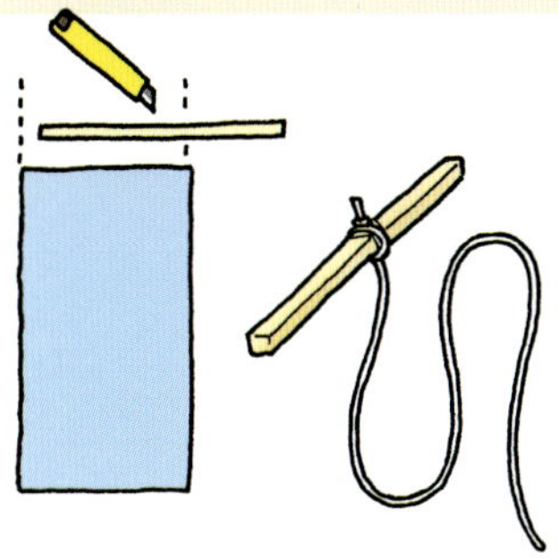

4 3のひもをそれぞれ図のように穴から通し、Y字形に結ぶ。中央２つの穴は下に引っ張るひもに、外側２つの穴はくす箱をつるすひもになる。

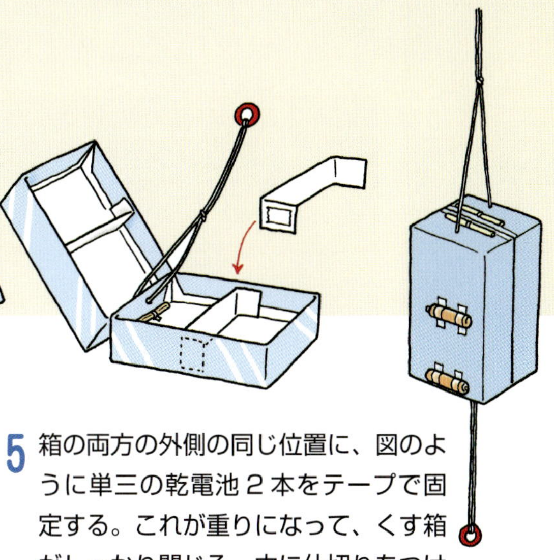

5 箱の両方の外側の同じ位置に、図のように単三の乾電池２本をテープで固定する。これが重りになって、くす箱がしっかり閉じる。中に仕切りをつけると、かざぐるまがきれいに落ちる。

たメしてみよう！

ティッシュのくす箱

くす玉ならぬ「くす箱」です。
ひもを引くと、
中に入れたピロピロかざぐるまが
ひらひら舞い降りてきます。
なんども繰り返し使えます。

とばしてびっくり！

ひらひら らっかさん

タンポポのような、キクの花のようならっかさんが、
くるくると回りながらゆっくり落ちていきます。
大きならっかさん、小さならっかさん、
いろいろ作ってためしてみましょう。
大きさによって落ち方が違いますよ。

ひらひら らっかさんの作り方

材料

色画用紙，
コピー用紙など

道具

はさみ
セロハンテープ
のり

●ひらひら らっかさんの作り方

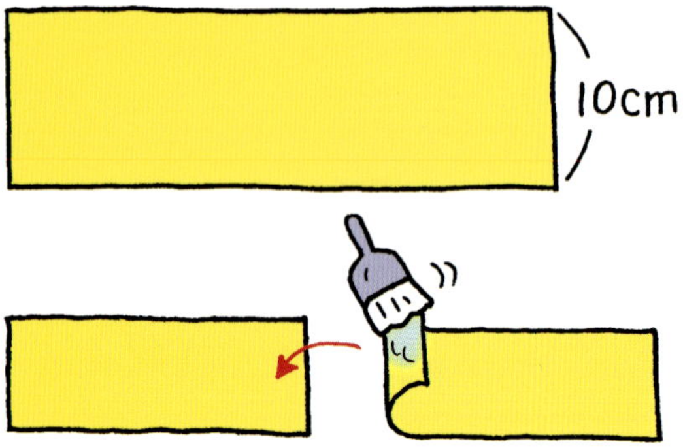

1 紙を幅 10cm に切り、つないで長くしておく。写真にある大きな輪は、およそ 1 m ほどの長さにしたものを使っている。

2 下 2cm くらいを 1 回折り、幅 2cm くらいで切り込みを入れる。

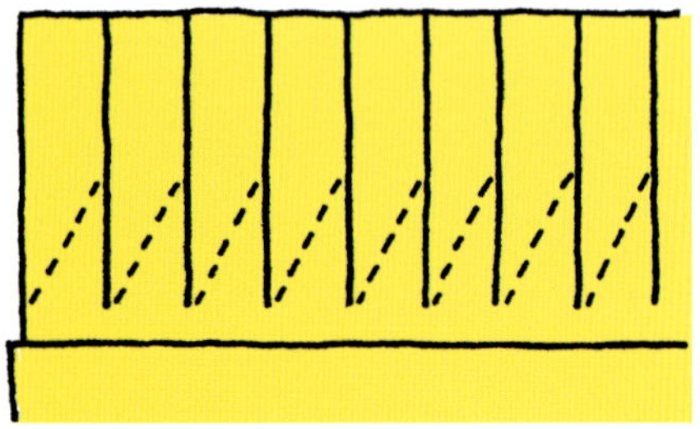

3 すべて同じ向きに斜めに折る。

4 輪にしてセロハンテープで留めて、できあがり。

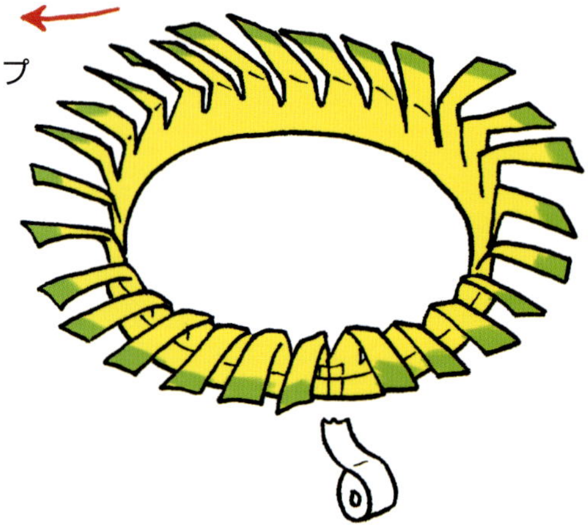

ひらひら らっかさんの遊び方

ジャングルジムや、園の 2 階などから落として遊びます。大きく作ると、落ちるスピードは速くなります。小さく作ると、ゆっくりと落下します。
大きなものは首に、小さなものは腕に通してキャッチ！「にんげん輪投げ」で遊んでみましょう。

たためしてみよう！

コピー用紙で作るミニミニらっかさん

コピー用紙でも、室内で遊べる小さならっかさんができます。
くるくる回りながら、ふんわり落ちます。ぜひおためしあれ！

1 15cm × 6cm くらいの長方形に切る。

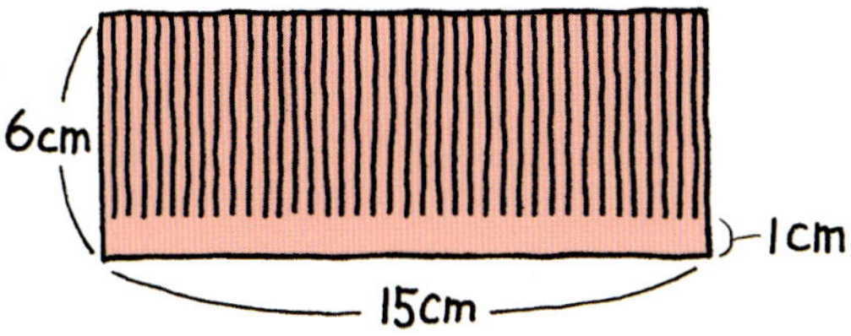

2 図のように切り込みを入れる。

3 筒にしてセロハンテープで留め、切り込みを折って外側にたおす。

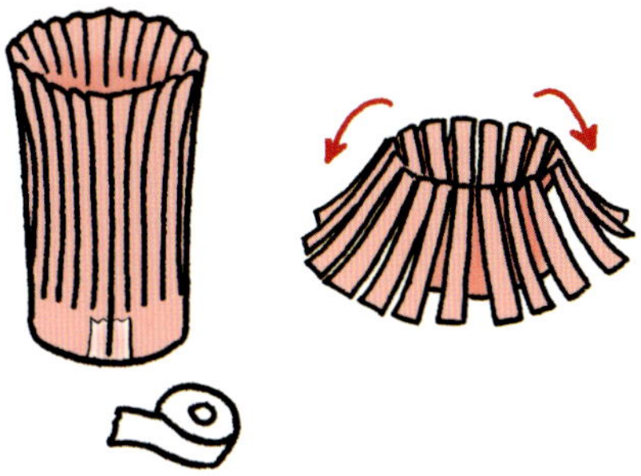

＊切り込みの幅を変えたり、紙の種類を変えてみたり、どんなものが一番ゆっくり、ふんわり落ちるか、やってみましょう！

オシロイバナのらっかさん

夏にオシロイバナを見つけたら、らっかさんを作って遊びましょう。
高いところから、風にのせて落としてみてください。

1 花をがくごと取る。

2 がくの中にある薄緑の丸い部分（子房）をつまんで、ポキッと折るように花から外す。

3 そのままそっと引っ張ると、めしべがひものように出てくる。これで完成。

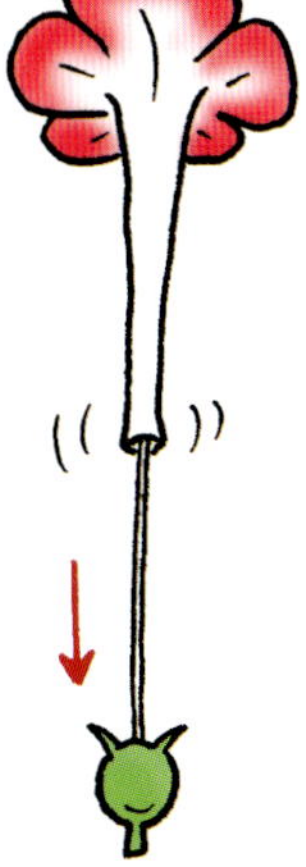

とばしてびっくり！

パタパタかざぐるま

風を受けてパタパタと回るかざぐるまです。
走らずに、腕で大きく回すだけでも、とってもよく回ります。

パタパタかざぐるまの作り方

材料

色画用紙
たこ糸
目玉クリップ
広告紙

道具

はさみ
のり
セロハンテープ

●四角いかざぐるまの作り方

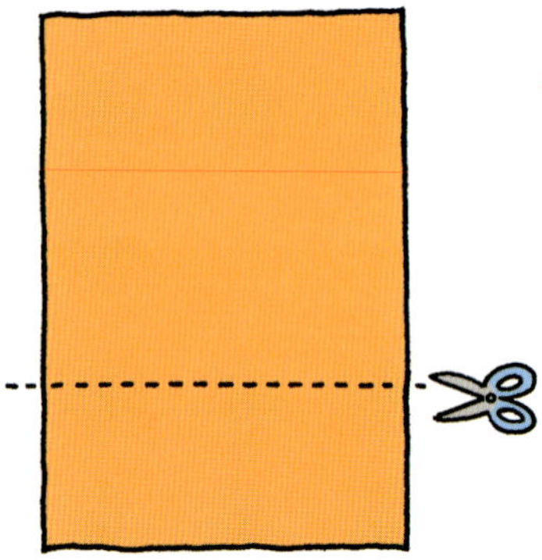

1 色画用紙を短い辺に合わせて正方形に切る。

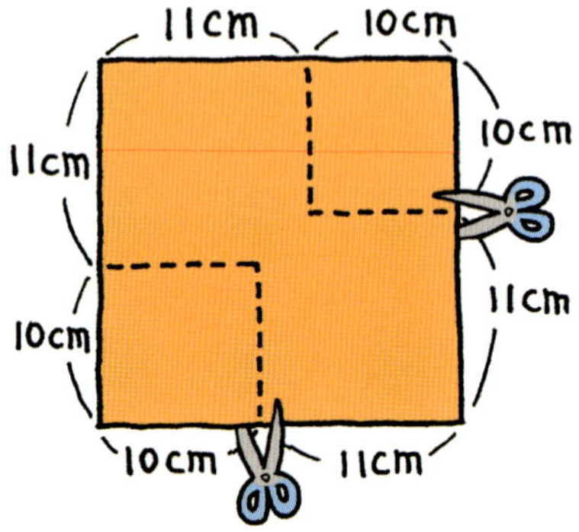

2 図のように切り取る。

3 2で切り取った部分を幅4cmに切り、さらに半分に折ってはり合わせ、それを2に図のようにはりつける。

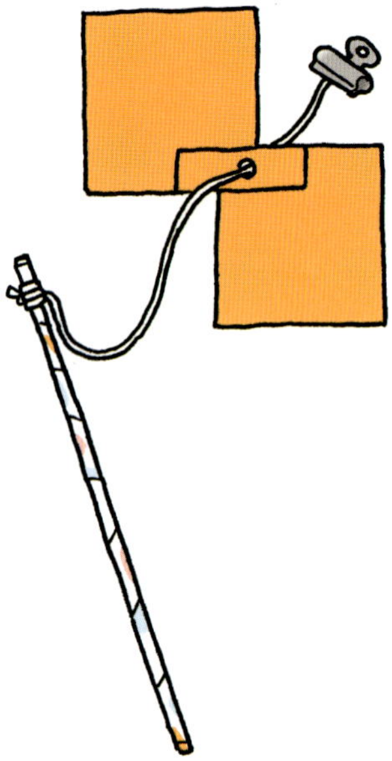

4 たこ糸の通る穴をあけ、たこ糸を通す。先に目玉クリップを留めて、抜けないようにする。
広告紙を巻いた棒（16ページ参照）などにつけて、できあがり。

●三角かざぐるまの作り方

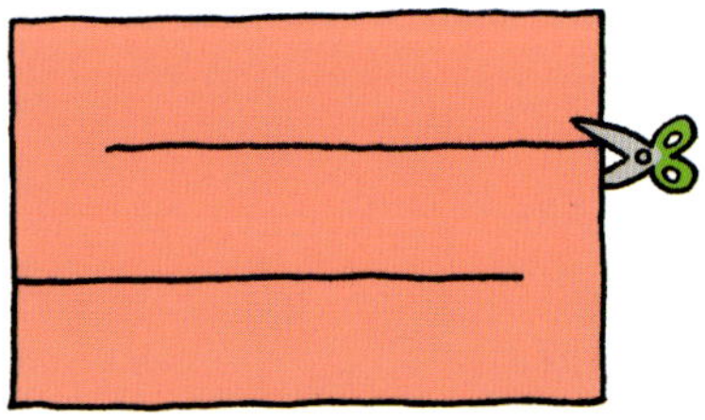

1 色画用紙を図のように切る。切り込みを、図のように入れる。

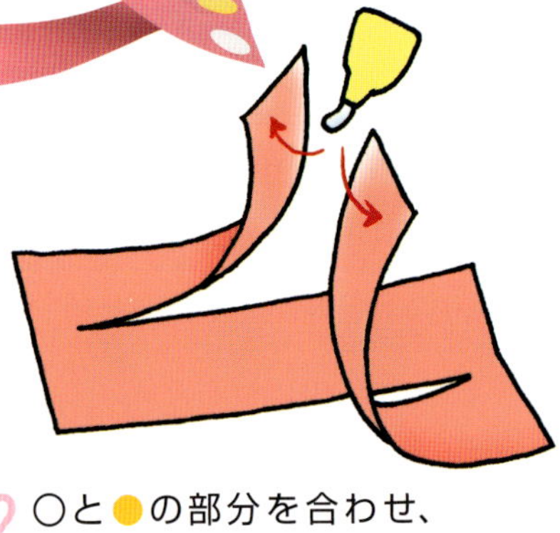

2 ○と●の部分を合わせ、のりではり合わせる。

3 たこ糸の通る穴をあけ、たこ糸を通して結ぶ。糸のもう一方の先を棒につけて、できあがり。

ためしてみよう！

くるくる目が回る!?　究極の８の字かざぐるま

わずかな風でもよく回る、とっておきのかざぐるまです。
８の字を二つ組み合わせると、よりにぎやかにくるくる回ります。

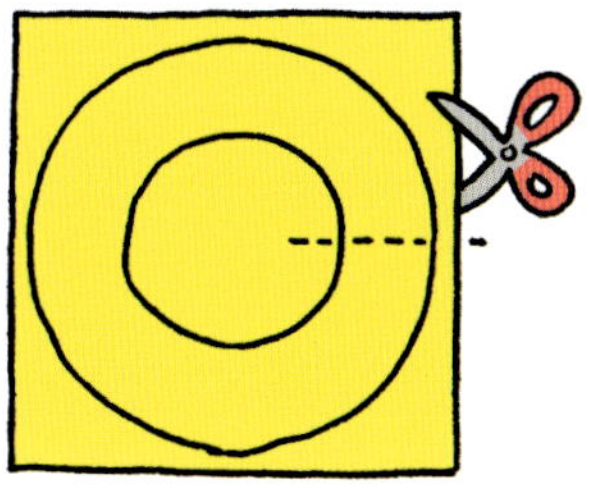

1 色画用紙を図のようにドーナツ形に２枚切り抜く。写真のものは、直径 20cm、穴が直径 10cm。こしの弱い、軟らかい紙を使うときは、小さめに作る。

2 切り目を入れて、２枚を図のようにはり合わせる。

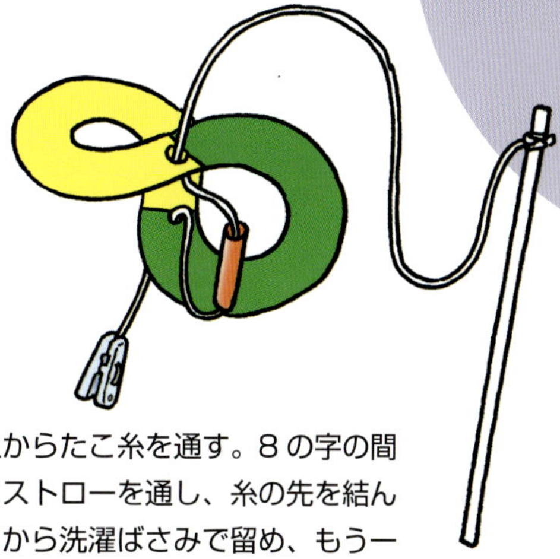

3 まん中にたこ糸を通す穴をあける。ストローを 2cm くらいに切っておく。

4 上からたこ糸を通す。８の字の間にストローを通し、糸の先を結んでから洗濯ばさみで留め、もう一方の先を棒につけて、できあがり。

＊ ２つ組み合わせるときは、図のように８の字を組み合わせて作る。

とばしてびっくり！

くるりんぱっ！ ぶーちゃん

まるまると太ったぶーちゃんですが、逆さに落としても、縦に落としても、なぜか空中でくるりと身をひるがえし、きちんと足から着地します。

放り投げても
大丈夫だよ！

くるりと
回った！

着地！

くるりんぱっ！　ぶーちゃんの作り方

材料

工作用紙などの厚紙
ストロー
クリップ

道具

はさみ
セロハンテープ
フェルトペン

●くるりんぱっ！　ぶーちゃんの作り方

1 工作用紙などのやや厚めの紙をA4サイズに切り、フェルトペンで図のように線を描いておく。

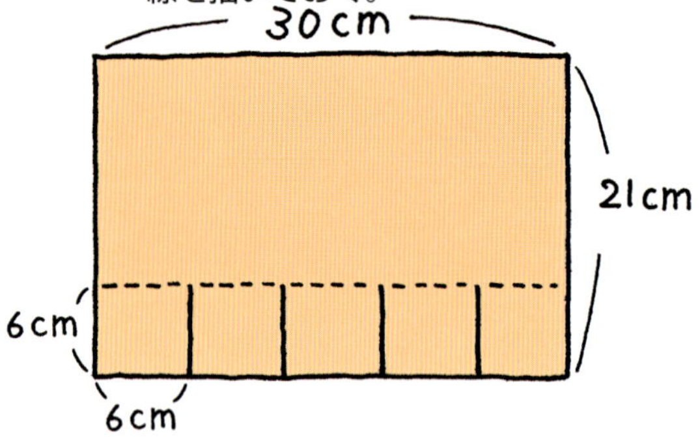

2 表と裏にブタの絵を描く。真ん中の部分を切り落とす。

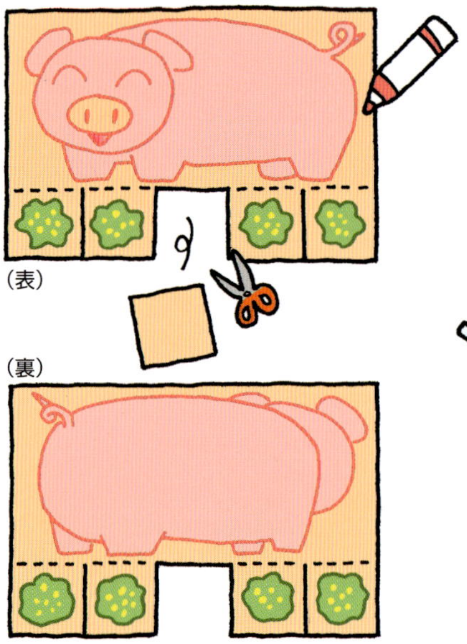

3 1の線に沿って切り込みを入れて、図のように折る。足の折り目に、切ったストローを図のようにセロハンテープでつける。

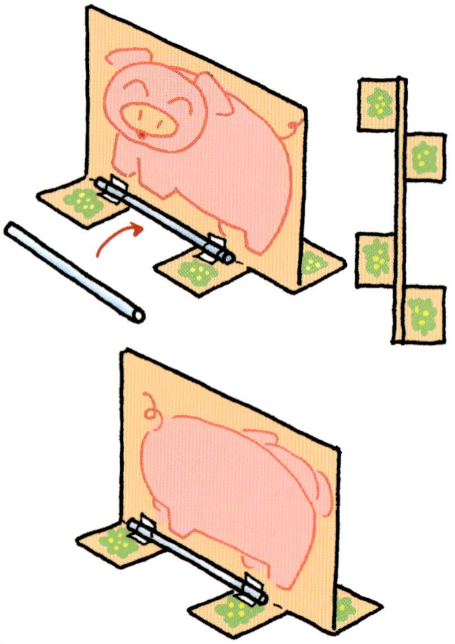

4 高いところから落としてみよう！　また、いろいろな向きで落としてみよう。ブタはちゃんと着地するかな？

図のように
クリップをつけて
重しにします。

ためしてみよう！

足の数や長さを変えたら…？

「くるりんぱっ！　ぶーちゃん」は、「着地ネコ」という科学遊びの工作のアイデアをいかしたものです。この着地ネコは、小学生の科学遊びのイベントなどでよく紹介される、とても有名なものです。

ネコは高いところから落ちるとき、どんな姿勢で落下しても必ず途中で体をひねり、見事に足から着地します。そのネコのイメージから、ネコの絵を描いたり、ネコ形に切り抜いたものを使って「着地ネコ」と呼ばれて親しまれているようです。

本物のネコが宙返りをするのは、内耳にある三半規管が発達しているために、バランスをただちに修正できるからです。紙で作った着地ネコが足から着地できるのは、いろいろな力の作用によるものですが、足が直角に、しかも左右に分かれて出ていることが、成功のポイントです。

ネコの足の長さや、化けネコ風にして足の数を増やしたりしたら、どうなるでしょうか？　いろいろ作って、落ち方を比べてみましょう。

作ってびっくり！

飛び出すカード

あら不思議！
切り込みを入れて山折りや
谷折りをしただけで、
１枚の紙からいろいろな
ものが飛び出します。

ダンゴムシだ！

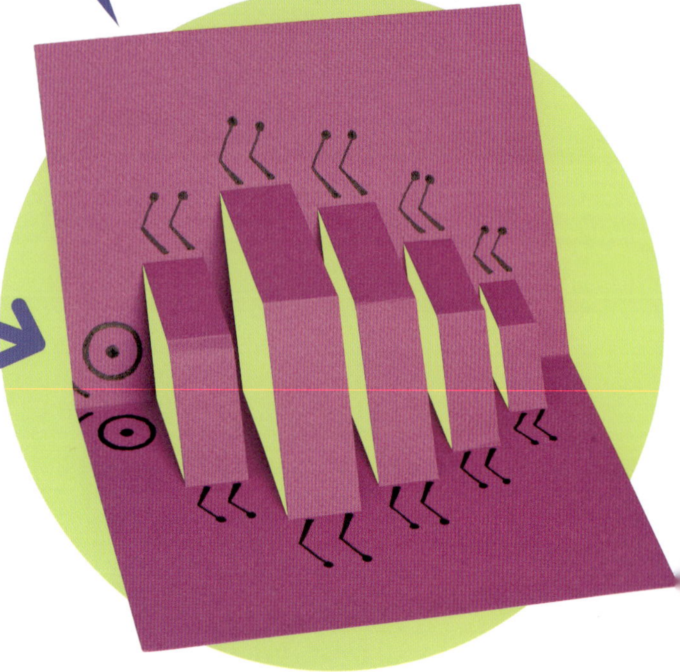

三段ケーキが出てきた！

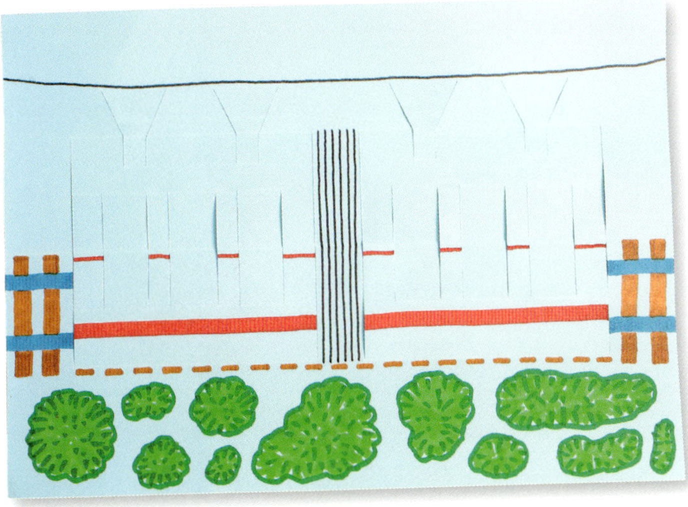

電車が飛び出した！

すごい！
どうなってるの、
これ!?

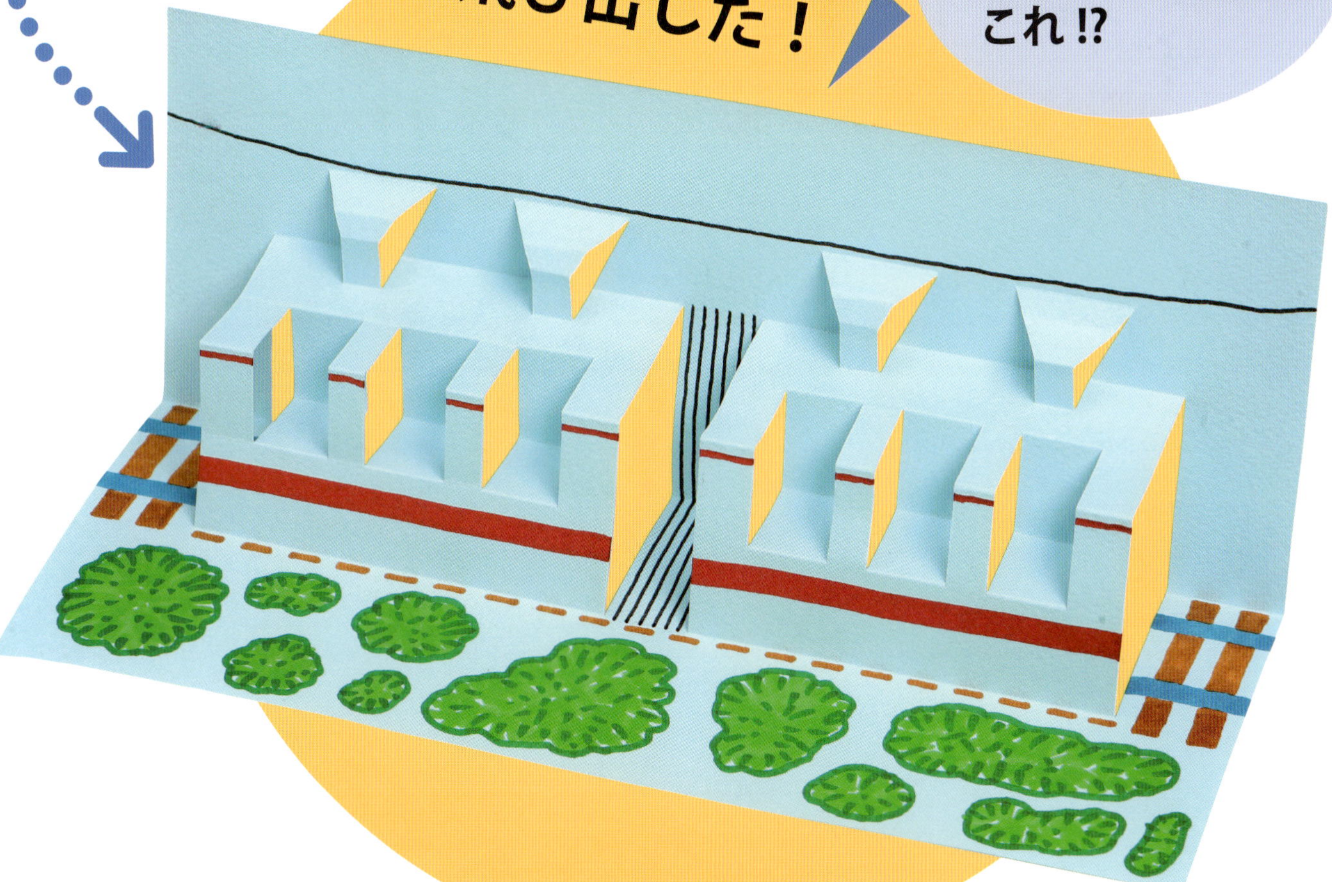

飛び出すカードの作り方

材料

色画用紙などの紙

道具

はさみ
カッター
フェルトペン
えんぴつ（下書き用）

●ダンゴムシカードの作り方

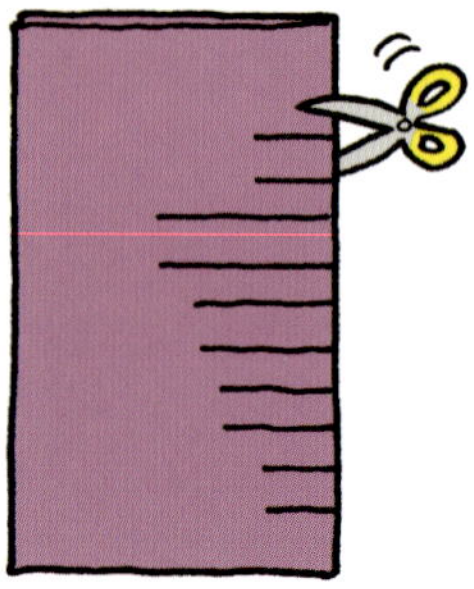

1 色画用紙に、図のような切り込みを入れる。子どもに作らせるときは、色画用紙を半分に折って、はさみで切り込みを入れさせるとよい。

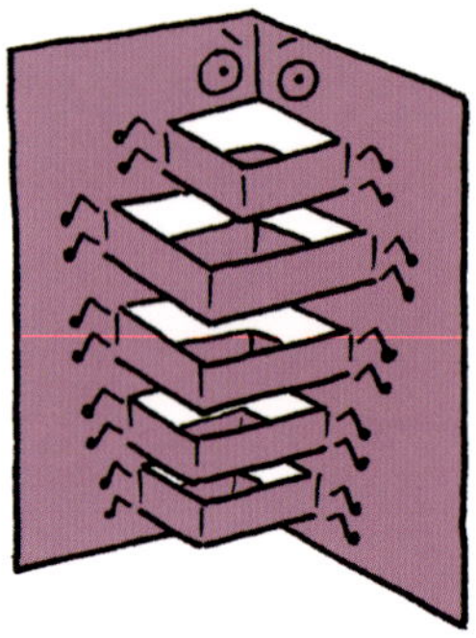

2 フェルトペンで目や足、触角を描く。切り込んだ部分は中央で山折り、台紙は中央で谷折りにする。

●電車カードの作り方

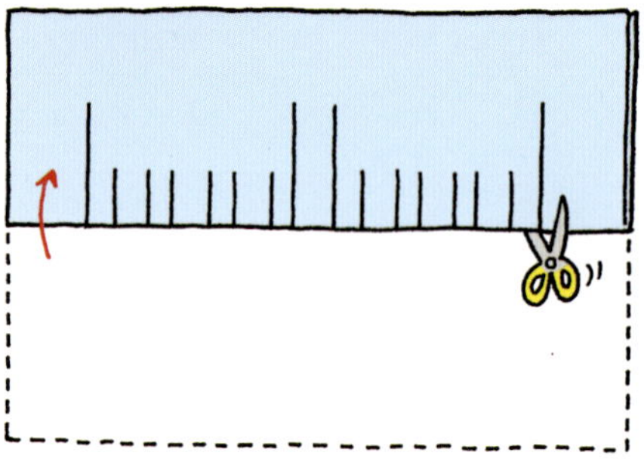

1 1色画用紙を縦半分に折り、切り込み線を図のように下書きしてから、2枚いっしょに切る。

2 折った紙を開き、パンタグラフになる部分の切り込み線を図のように下書きして、カッターで切る。

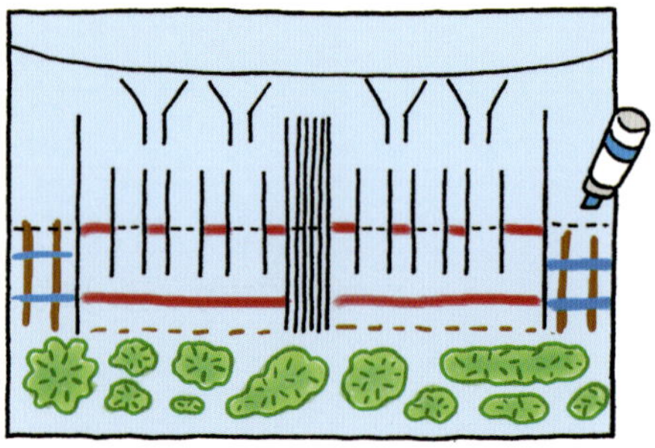

3 裏返して表を出し、電車の模様や線路などを描く。

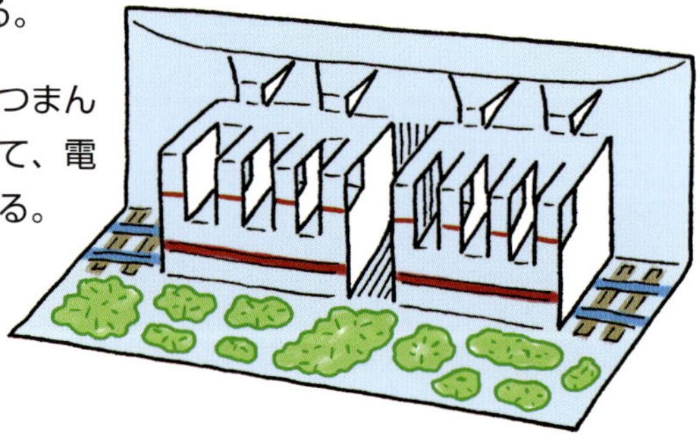

4 折り線にすじを入れ、つまんで山折り、谷折りをして、電車の形の立体に仕上げる。

●三段ケーキカードの作り方

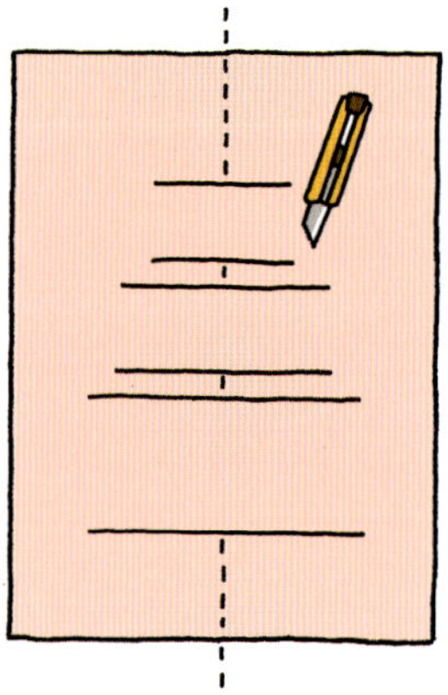

1 色画用紙に図のような切り込みを入れる。

2 ろうそく、クリームなどを描く。台紙は縦半分に谷折り、切り込み部は中央で山折りにする。

ためしてみよう！

こまったさん？　おこったさん？

まゆ、目、鼻、口のそれぞれが別々に折れるように切り込みを入れると、1枚でいろいろな表情が楽しめます。

●作り方

色画用紙に写真のような切り込みを入れ、それぞれの切り込み部分にまゆ、目、鼻などを描く。

作ってびっくり！

パクパク水族館

開いたり閉じたりするイソギンチャク、足と体が伸び縮みするタコ、口をパクパク開く魚。動かしたときの変化が楽しい、びっくり水族館です。

ひゅ〜ん！
パクッ！
ぱっ！

パクパク水族館の作り方

材料

色画用紙
（写真のイソギンチャクはB4、タコはA4をそれぞれ3分の2くらいの幅に切った大きさです）

道具

はさみ
セロハンテープ
フェルトペン

●イソギンチャクの作り方

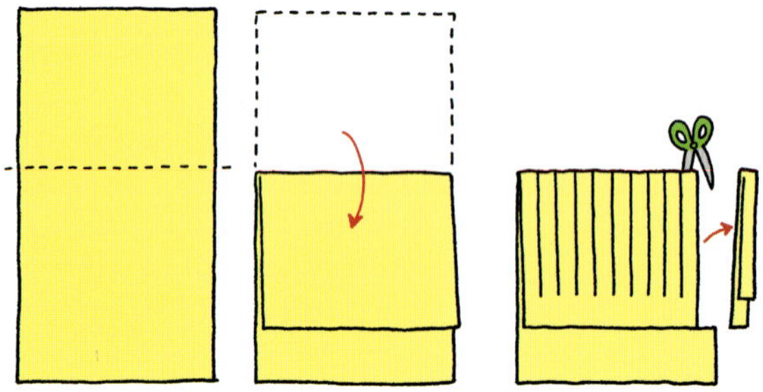

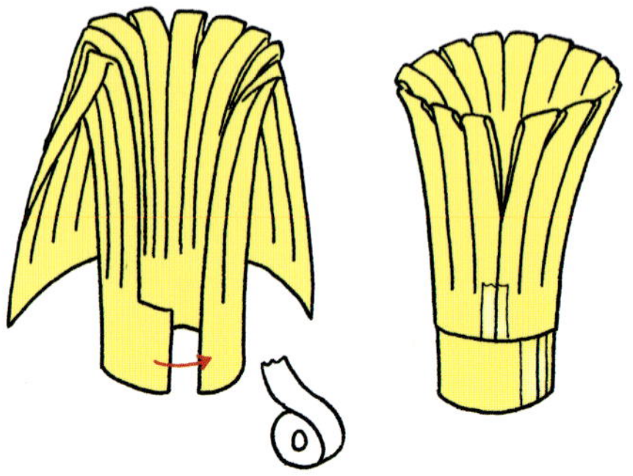

1 色画用紙を図のように折り、切り込みを入れる。一番端は、図のように切り落としておく。

2 筒の形に丸くして、図のようにのりやセロハンテープなどでしっかり固定する。これでイソギンチャクはできあがり。

3 別の紙でクマノミを作っておき、イソギンチャクを開いたり閉じたりしながら、好きなところにクマノミをはる。

●タコの作り方

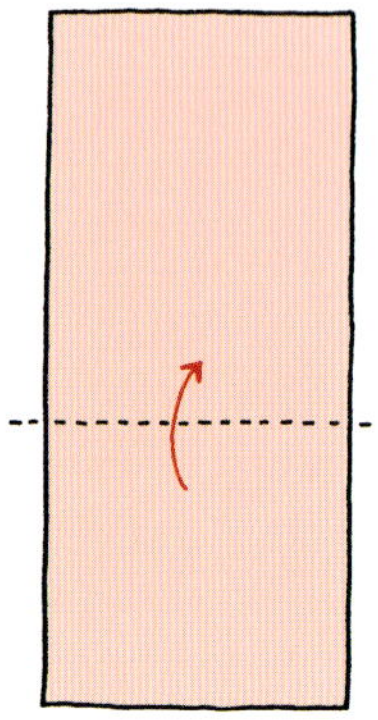

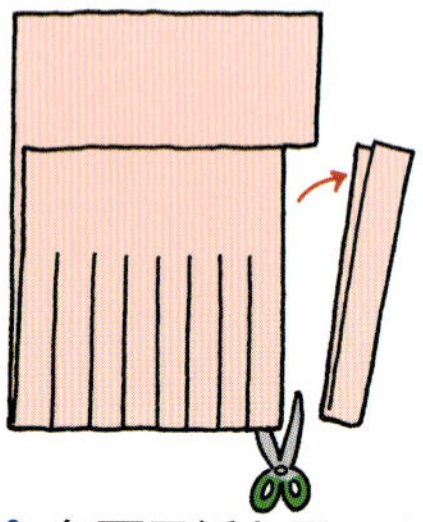

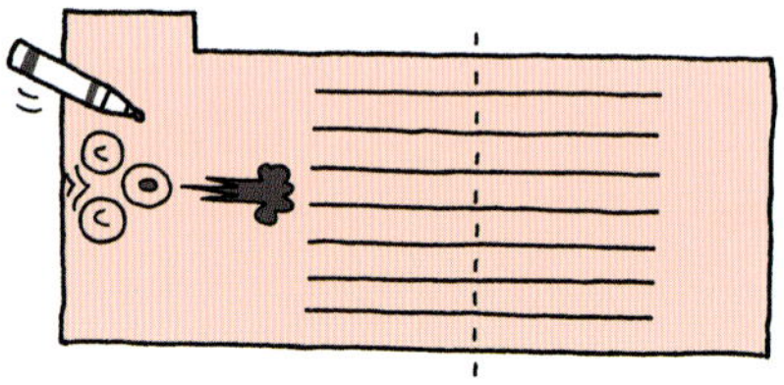

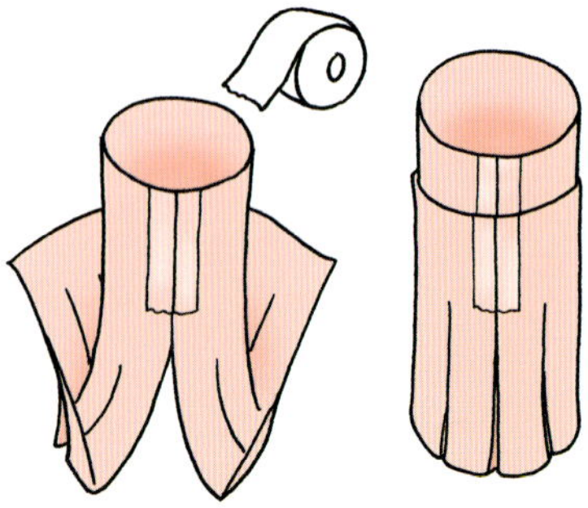

1 色画用紙を図のように折り、切り込みを入れる。一番端は図のように切り落としておく。

2 タコの顔を描く。墨を吐かせたいときは、紙にかくれている口の下の部分に描く。

3 筒の形に丸くして、図のようにのりやセロハンテープでしっかり固定して、できあがり。

●パクパクさかなの作り方

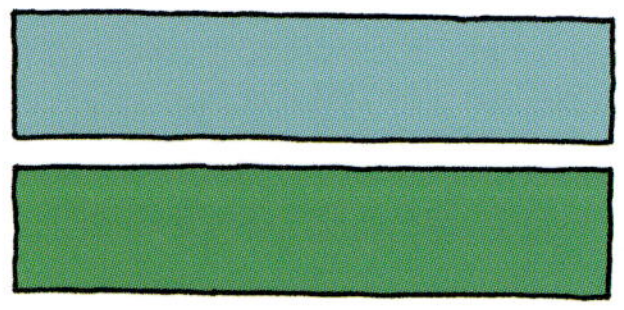

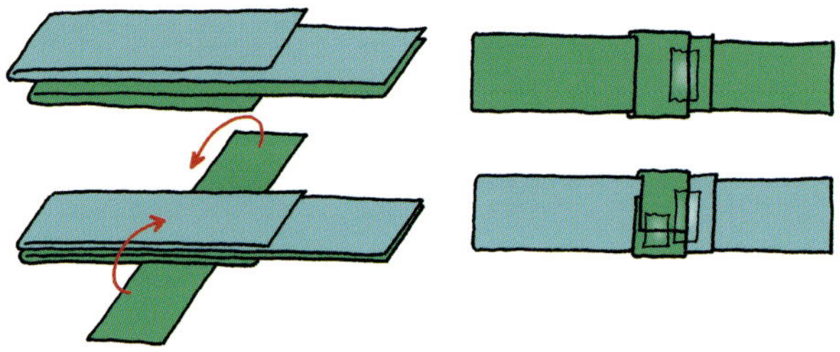

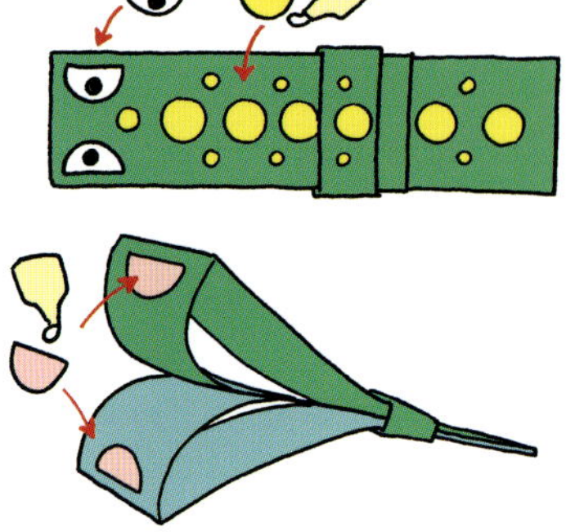

1 色画用紙で7cm幅の長い帯を2枚作る。

2 図のように折って2枚を重ね、別に切った細い帯を図のようにはりつける。

3 目や模様などをつけて、できあがり。

ためしてみよう！

ミニシアター「おはなが わらった」

いそぎんちゃくと同じ作り方で、開いたり閉じたりする花ができます。
「おはなが わらった」作詞 保富庚午 作曲 湯山 昭 のシアターを演じてみましょう。

●作り方

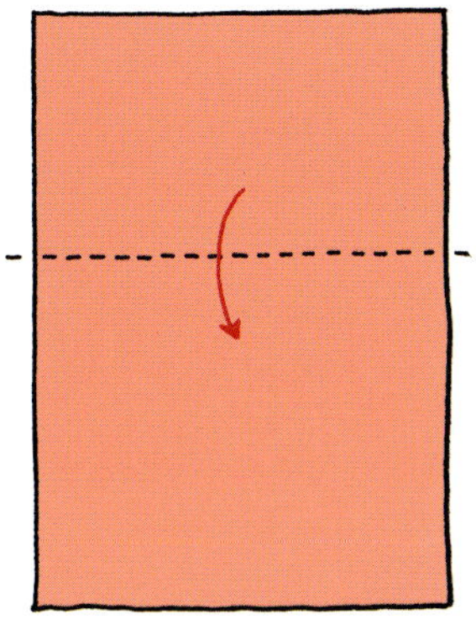

1 A4の色画用紙を４分の３くらいに切り、図のように折る。

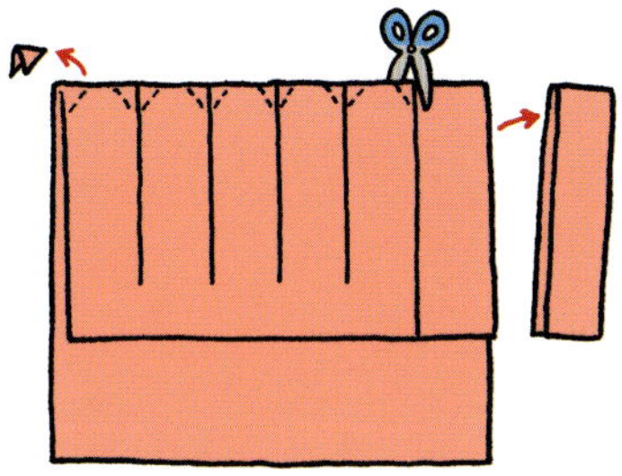

2 花びらの上は切らずに残し、図のように切り込みをいれ、端は図のように切り落とす。

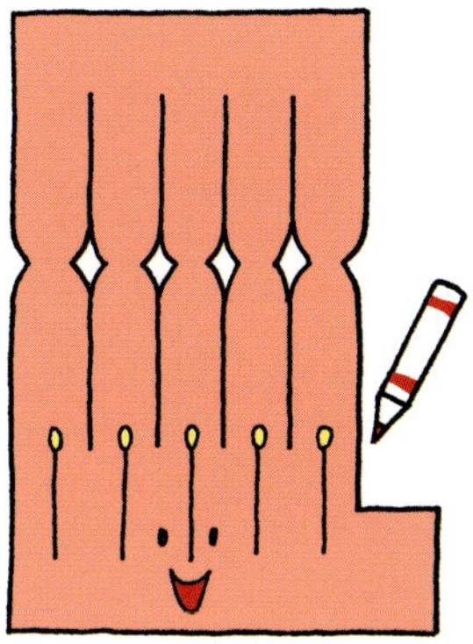

3 内側に花の顔を描く。めしべやおしべをつけたり、模様をつけたりしておく。

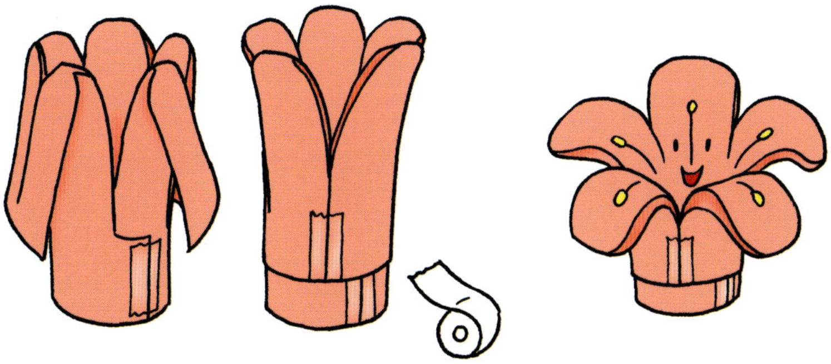

4 筒にして、セロハンテープなどでしっかり留めて、できあがり。上にずらすと、つぼみの形に閉じる。下にずらすと、花の形に開いて顔が見える。

うたに合わせて、花を閉じたり開いたりしましょう。

作ってびっくり！

雪の結晶

六つ折りにした色紙を切り紙にすると、
どれも六角形をベースにした
雪の結晶のような模様になります。
ひとつも同じものがないといわれる雪の
結晶をみんなで作ってみませんか？

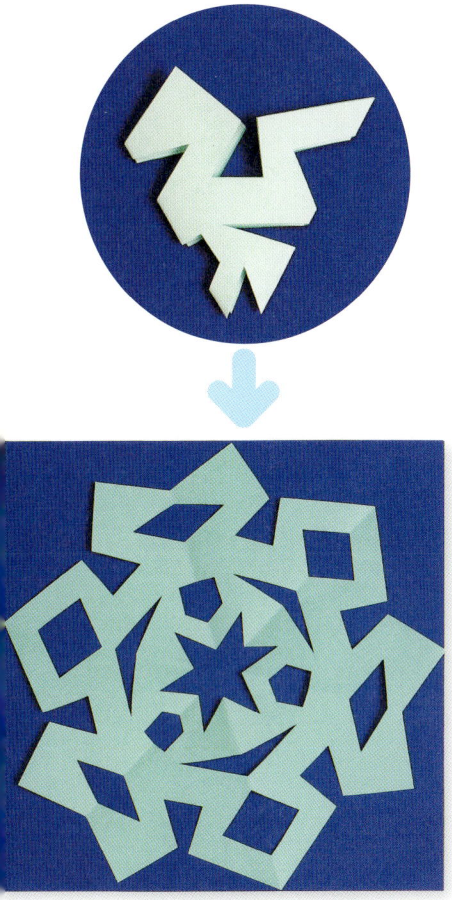

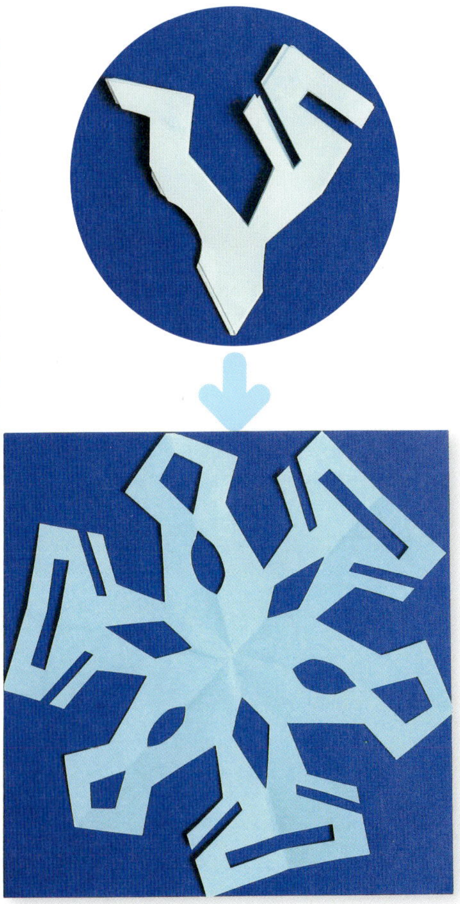

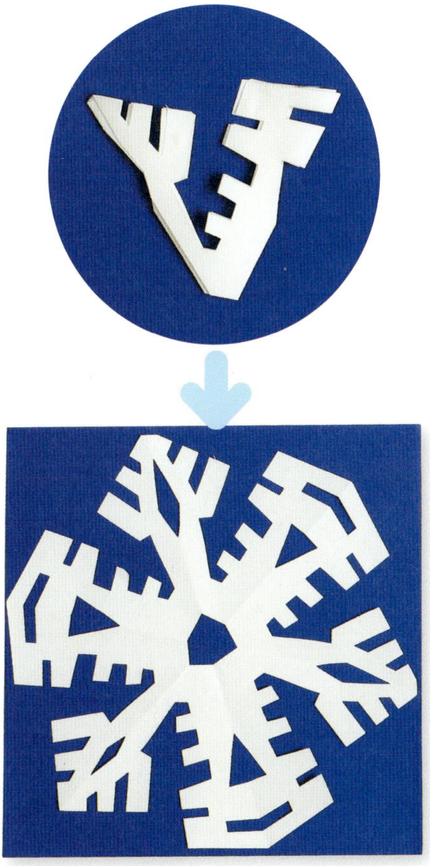

雪の結晶の作り方

材料

色紙

道具

はさみ

●雪の結晶の作り方

1 色紙を図のように半分に折る。

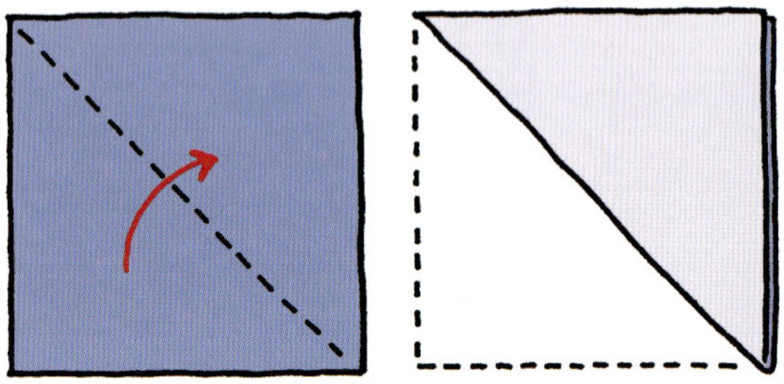

2 それをさらに、図のように三つ折りにする。右ページの「三つ折り定規」に合わせて折ると、子どもでも上手に三つ折りができる。

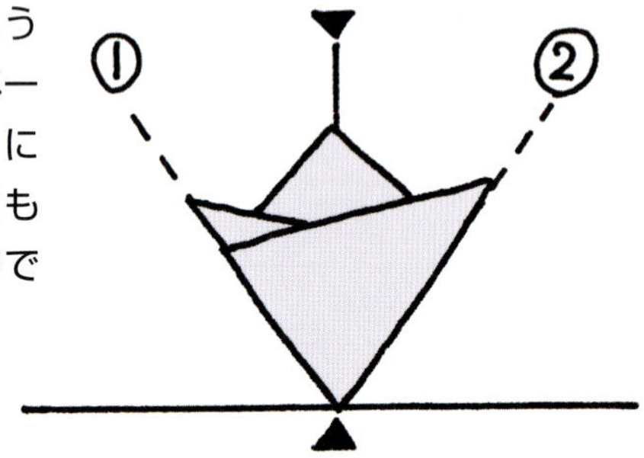

3 三つ折りにしたら裏に返し、図のように先の部分を切り取る。

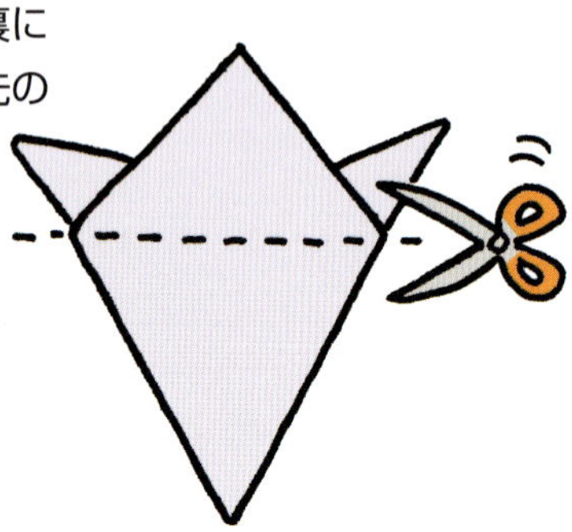

4 好きなように切ってみる。

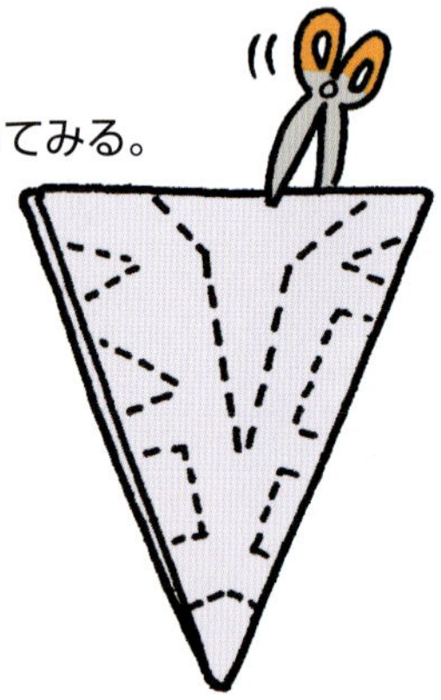

三つ折り定規の使い方

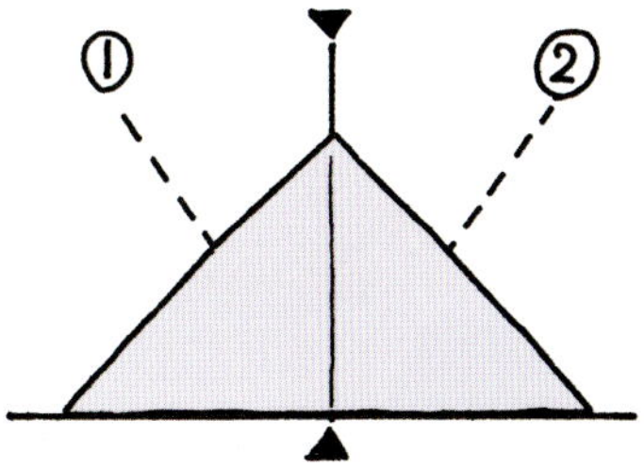

1 半分に折った色紙をさらに半分に折って折り筋をつけて開き、図のように折り紙を置く。

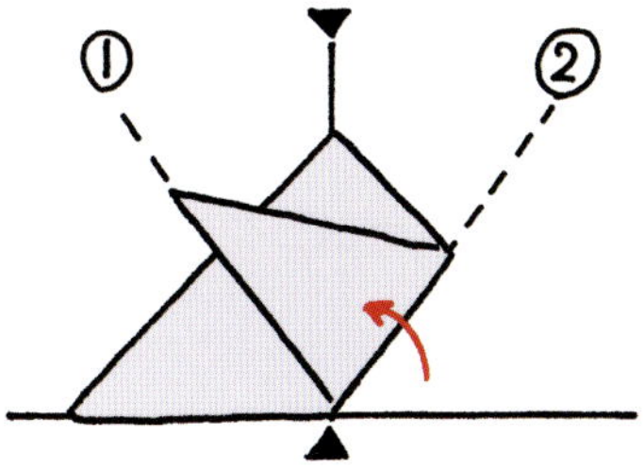

2 まず、右の角を①の線に合わせるようにして折る。

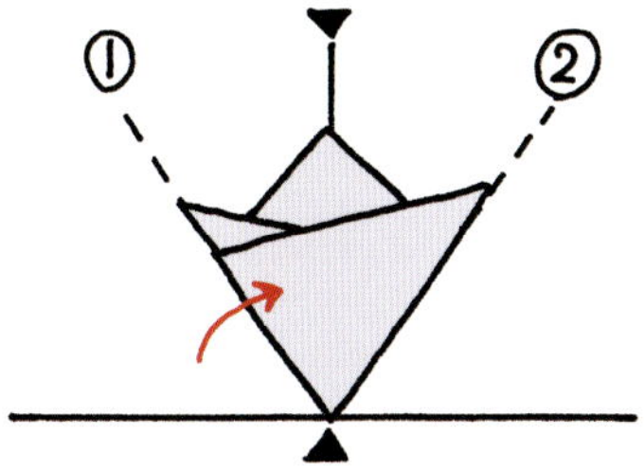

3 次に左の角を②の線に合わせるようにして折る。

三つ折り定規

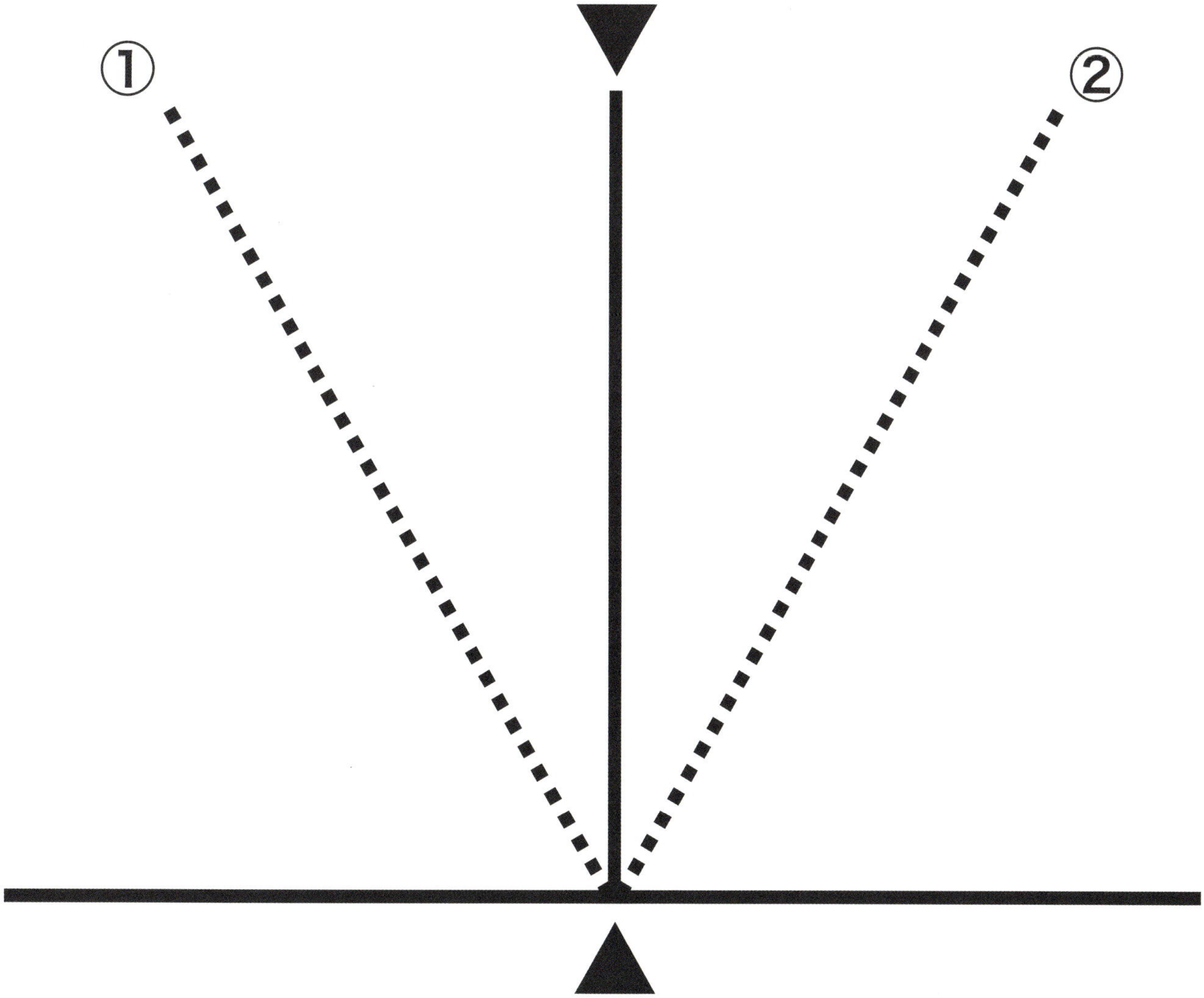

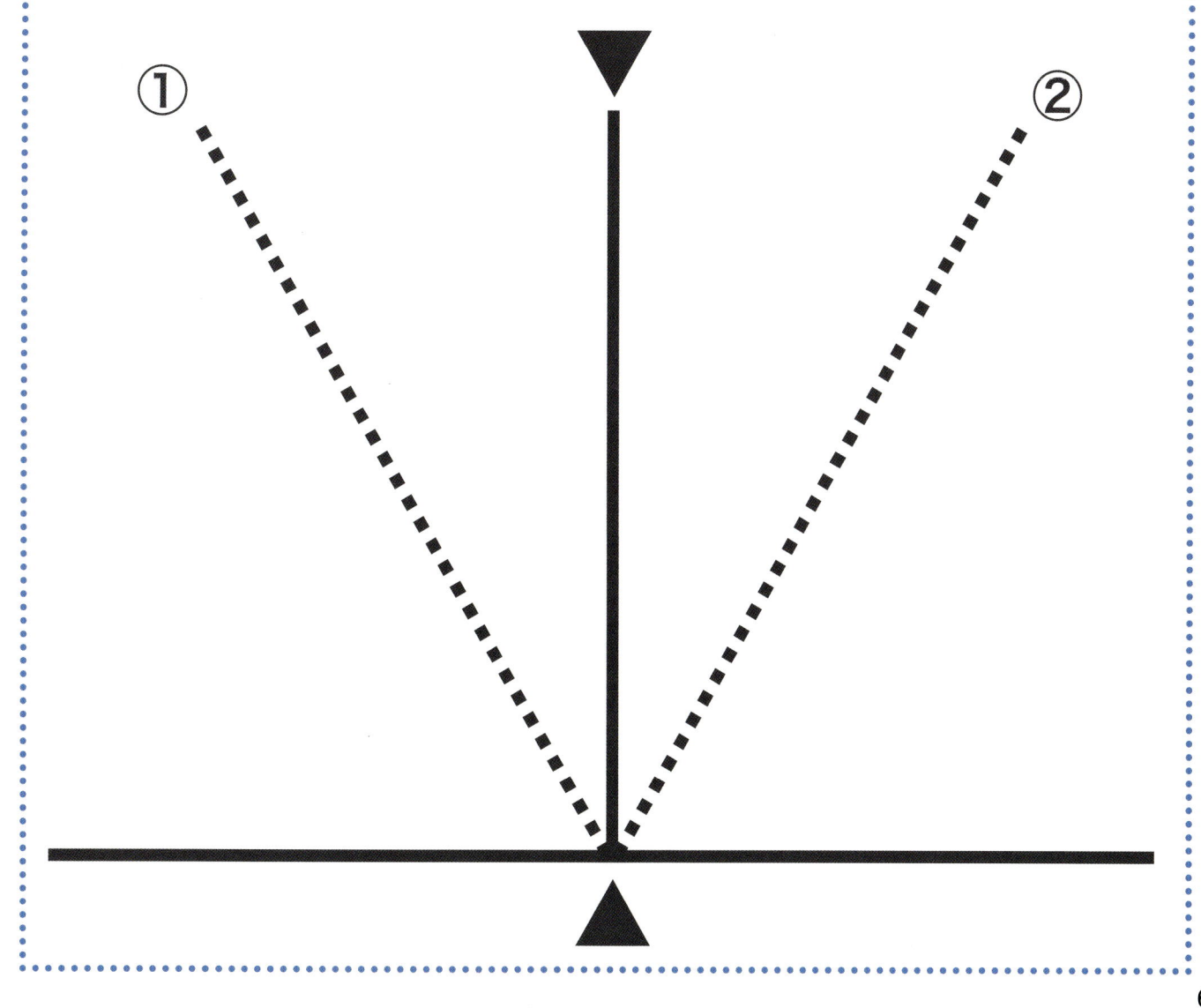

実験してみよう！

鏡で楽しむ切り紙遊び

切り紙遊びに鏡を使うと、開いたあとの形をズバリ、予想できます。なん回折ったものでも、必ず鏡の中に切り開いたあとの姿がすべて映し出されるのです。切り紙の楽しさに鏡の世界の不思議さ、両方を楽しんでみましょう！

この形、
いったい
どうなる…？

鏡に
映ったのは、
雪の結晶

開いてみたら…、鏡に映った通り！

●切り方と遊び方

切り紙のルールは、紙の折り目、つまり折って輪になったところを、必ず少しくっつけたまま残しておくことです。そうしないと、バラバラになってしまいます。

ジャバラ3回折りの魚

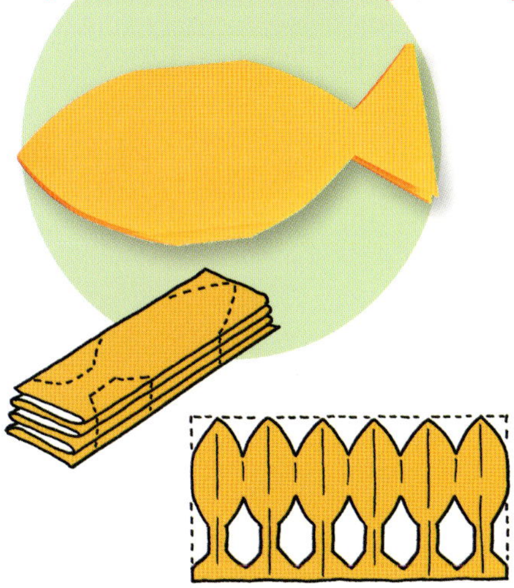

四角4回折りの卵

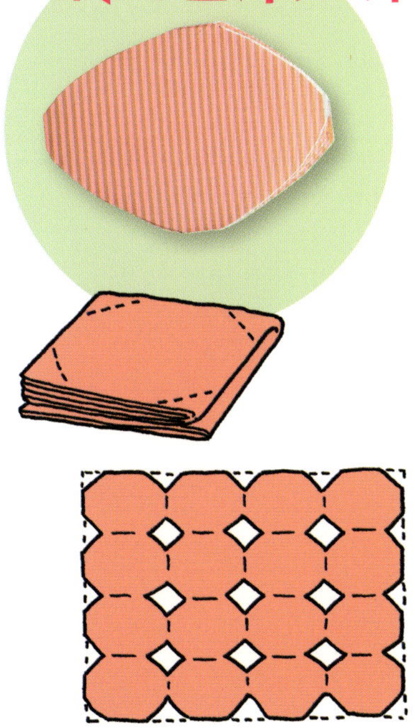

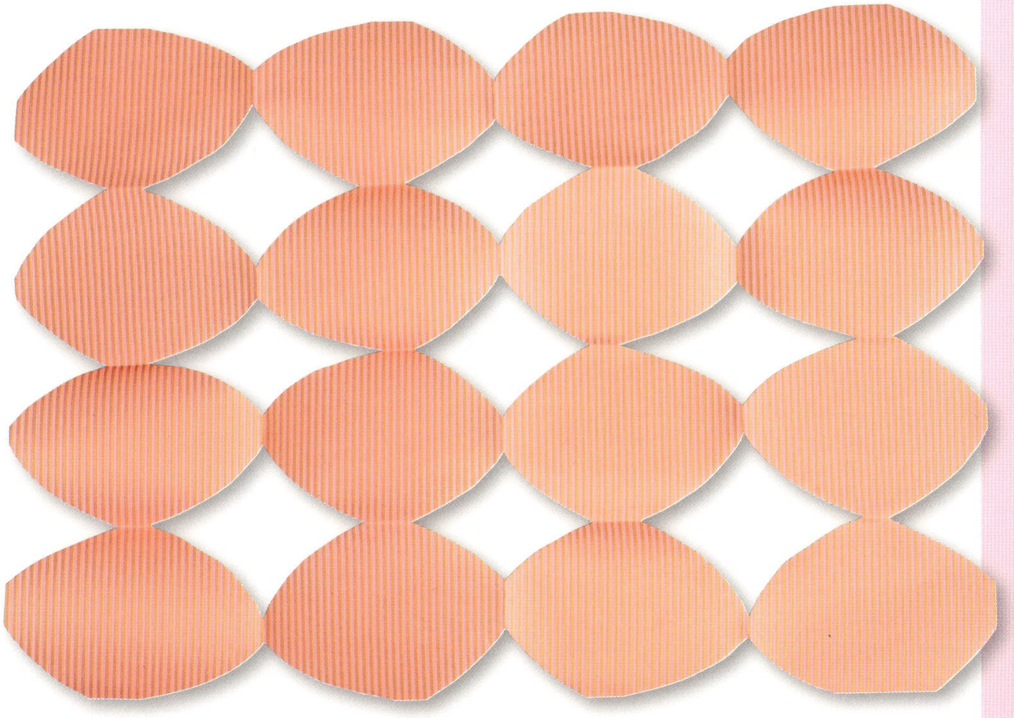

作ってびっくり！

紙積み木の町

色画用紙の積み木で町を作ってみましょう。
基本の積み木は７種類で、
どれも簡単にできるものばかりです。

基本の積み木

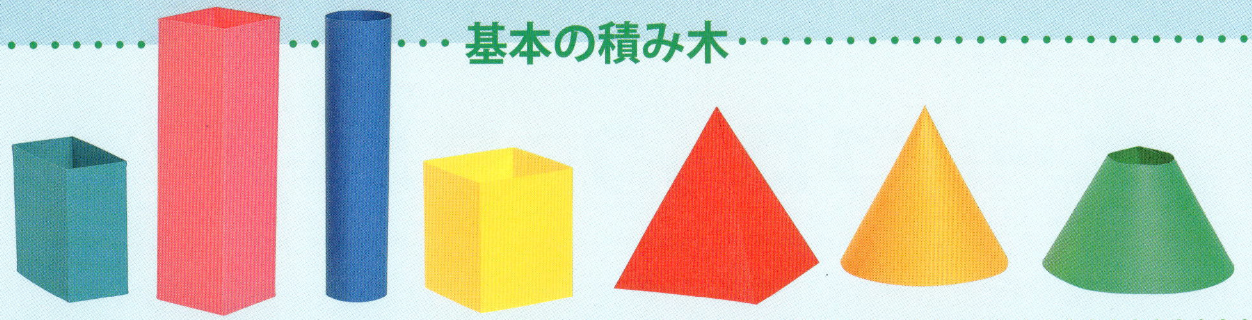

作ってびっくり！

段ボールブロックのロボット

大小さまざまな板段ボールに、切り込みを入れただけの段ボールブロック。
上手に組み合わせると、ロボットみたいに大きなものも
作ることができます。

こんなロボットも
できるよ！

紙積み木の作り方

材料

色画用紙

道具

はさみ
セロハンテープ
定規
千枚通し
（折り目をつけるため）

●四角い屋根

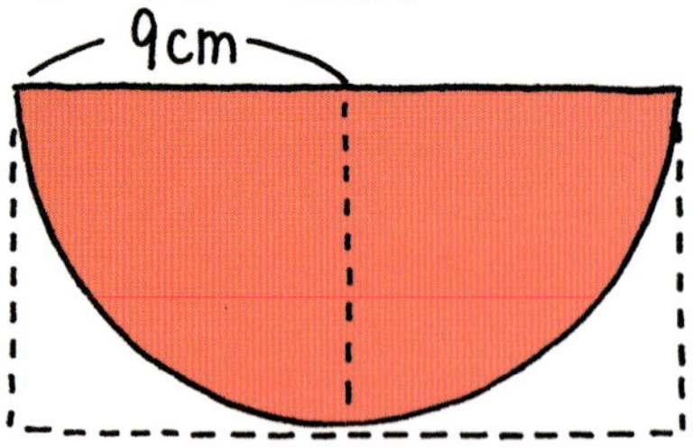

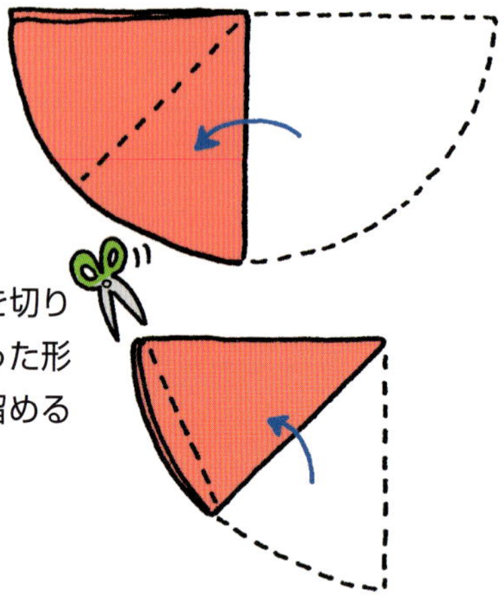

半円を図のように2回折り、円の縁を切り落とし、二等辺三角形が4つつながった形を作る。端と端をセロハンテープで留めると、角のある屋根ができる。

●丸い屋根

角のない屋根は、図のような半円で、端と端をセロハンテープで留めて作る。

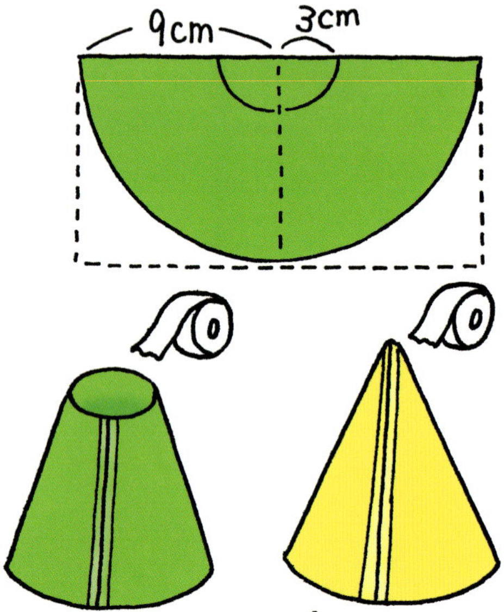

●円筒形のボディー

長いものと短いものを作っておく。筒に丸めてセロハンテープで留めればできあがり。図のように切り込みを入れて、緑で作ったこずえをさし込むと、木ができる。

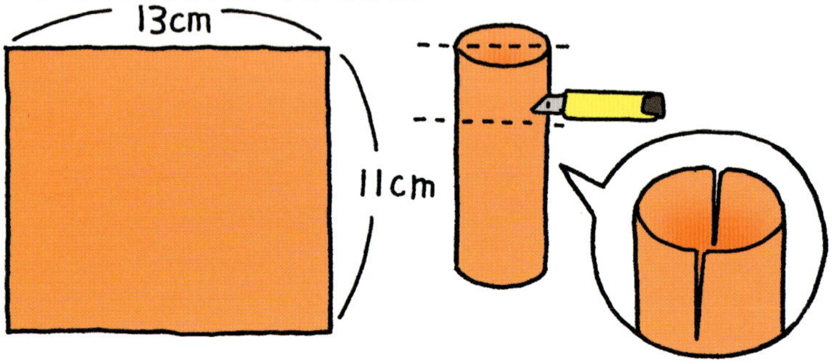

＊色画用紙や厚紙を折るときは、折り目に定規をあて、千枚通しなどで軽く折り筋をつけると、きれいに折ることができます。

●建物のボディー

建物のボディー用の積み木は、四角い筒が基本。折り線で折って、端と端をセロハンテープで留める。

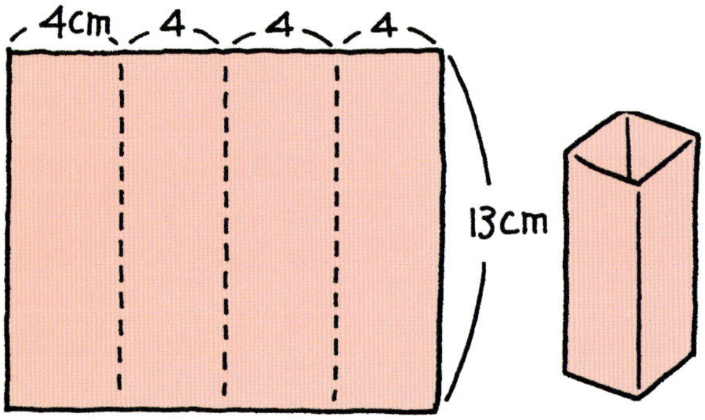

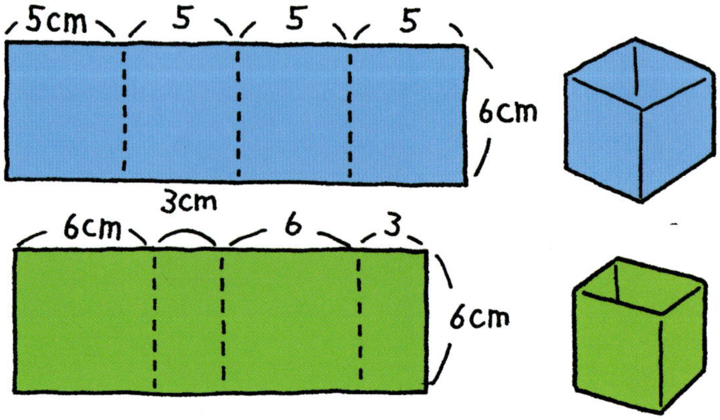

段ボールブロックの作り方

材料

段ボール

道具

カッター
ポスターカラーなど
（色をつける場合）

●段ボールブロックの作り方

1 ボディーなどになるブロックは、できるだけ大きな１枚を使い、すべての辺に段ボールの厚みに合わせた切り込みを入れておく。

2 パーツになるブロックは、いろいろな形を作り、上下や左右に切り込みを入れておく。

3 切り込みどうしをかみ合せて、自由に組み立てる。

作ってびっくり！

どろどろ紙粘土

細かく切った新聞紙を使って作る「リサイクル紙粘土」です。
簡単に形を作ることができ、乾くと紙のようになって、
絵を描いたりできるのが特徴です。

なんだかいい気持ち…！

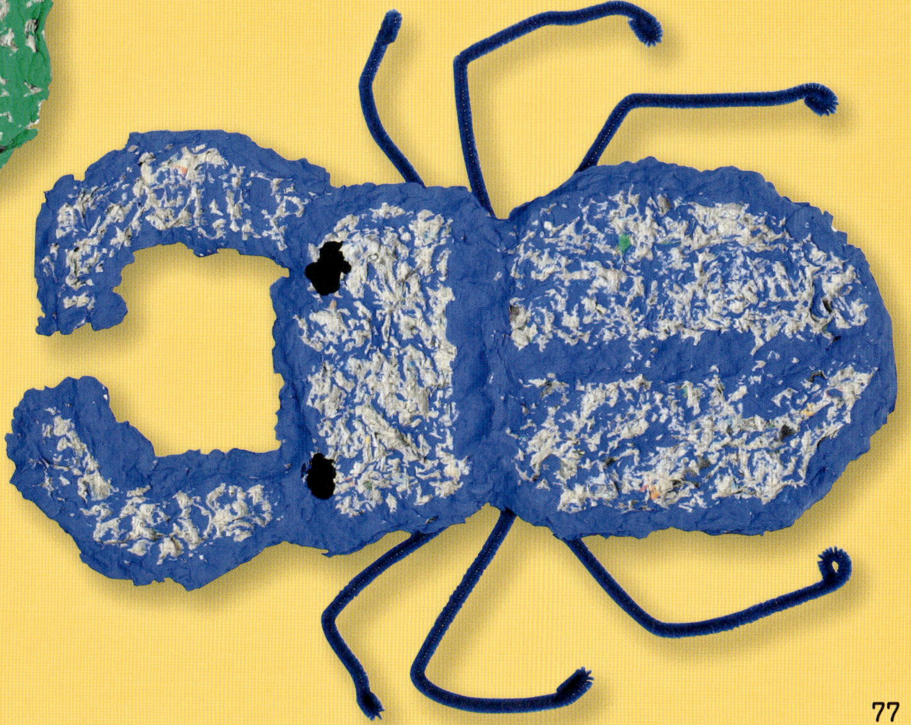

どろどろ紙粘土の作り方

材料

新聞紙
水
のり

道具

はさみ
洗面器やバケツ
クレヨン
（絵を描くため）

●どろどろ紙粘土の作り方

1 新聞紙を細かく切っておく。シュレッダーなどで切ると、便利。

2 切った新聞紙をたっぷりの水に浸しておく。丸一日～二日くらい。

3 よく水をきって絞ったら、のりを混ぜて、全体をよく混ぜ合わせる。こねているうちに繊維がちぎれて、どろどろになってくる。

4 まとまってきたら、薄く伸ばして形を作る。網などに乗せて、日にあてて乾かす。2～3日で乾くが、遅いときは裏表を返したり、ドライヤーをあてると、ぐっと速くなる。

5 好きな絵をクレヨンなどで描く。

再生紙の作り方

「どろどろ紙粘土」の作り方は、古新聞の再生の方法とほぼ同じです。

回収された新聞紙は、はじめに、薬品を入れた湯とともにパルパーという大きなミキサーのような機械でかき混ぜられ、どろどろに溶かされます。その次に、フローテーターという機械に入り、ここでインクを泡にくっつけて分離させます。その後ていねいに異物を取り除き、ほかの木材パルプと混ぜられ、薄く伸ばされ、乾燥して、再生紙になります。

「どろどろ紙粘土」も、素朴に作った再生紙のようなものです。表面を紙と同じくらい滑らかにするのは難しいのですが、でこぼこの面に描く線が逆におもしろい効果を生み出します。

立花愛子

造形かがく遊び作家。NHK 教育テレビの主に理科番組の制作・造形にたずさわり、現在は主に幼児・保育者・親向けの出版物で、科学遊びを中心とした造形制作を行っている。保育者向けの講習会、ワークショップ、科学館の企画展示など、幅広く活躍している。近著に「ポリぶくろであそぼう」（世界文化社）、「楽しい科学あそびシリーズ」（さ・え・ら書房）、「牛乳パック＆ペットボトル Kids 工作図鑑」（いかだ社）などがある。

佐々木伸

造形工作作家、イラストレーター。児童向け実用書の作品制作、学習参考書の理科イラスト、科学館の展示の企画・制作などを手がける。近著に「おもしろ工作ベスト 20」（主婦と生活社）、「科学じかけの貯金箱　自由研究 BOOK」（いかだ社）などがある。

2006 年より、編集者と造形作家で構成される「築地制作所」というユニットを作り、佐々木、立花ともにメンバーとして活動を展開。造形遊びを通して、子どもの自由な遊びを考え、提案するため、書籍、テレビ、講習会などで幅広く活動中。

企画・製作●立花愛子　佐々木伸

イラスト●横井智美

撮　　影●安田仁志

モ デ ル●丹野里莉　寺田龍聖（ジョビイキッズ・プロダクション）

表紙・本文デザイン●坂田良子

編　　集●石山哲郎　鶴見達也

編集協力●清水洋美

びっくり！おもしろ紙遊び

2008 年 11 月　初版第 1 刷発行

2013 年　7 月　　第 2 刷発行

著　者●立花愛子・佐々木伸

発行人●浅香俊二

発行所●株式会社チャイルド本社

〒112-8512　東京都文京区小石川 5-24-21

電　話● 03-3813-2141（営業）　03-3813-9445（編集）

振　替● 00100-4-38410

印刷所●共同印刷株式会社

製本所●一色製本株式会社

ISBN ● 978-4-8054-0133-0　　　NDC376　26 × 21cm　80P